Die berühmtesten deutschen Gedichte von Frauen

* * *

Auf der Grundlage von
250 Gedichtsammlungen
ermittelt und zusammengestellt von
Hans Braam

Mit einem Vorwort von
Renate Möhrmann

ALFRED KRÖNER VERLAG STUTTGART

Die berühmtesten deutschen Gedichte von Frauen
Auf der Grundlage von 250 Gedichtsammlungen
ermittelt und zusammengestellt von Hans Braam
Mit einem Vorwort von Renate Möhrmann
Stuttgart: Kröner 2018
ISBN: 978-3-520-86701-8

Das Werk einschließlich aller seiner Teile ist urheberrechtlich geschützt. Jede Verwendung, die nicht ausdrücklich vom Urheberrechtsgesetz zugelassen ist, bedarf der vorherigen Zustimmung des Verlages. Das gilt insbesondere für Vervielfältigungen, Bearbeitungen, Übersetzungen, Mikroverfilmungen und die Einspeicherung und Verarbeitung in elektronischen Systemen.

© 2018 by Alfred Kröner Verlag Stuttgart
Printed in Germany · Alle Rechte vorbehalten
Gesamtherstellung: Friedrich Pustet Regensburg

Inhalt

Vorwort	VII
Gedichte	1

Anhang
Nachweis der ausgewerteten Sammlungen 191
Rangfolge der berühmtesten Gedichte
nach Abdruckhäufigkeit 200
Verzeichnis der Gedichttitel und -anfänge
mit Abdruckhäufigkeit 205
Gedichttitel und -anfänge nach Autorinnen 214
Quellennachweise 223

Vorwort

Bei allen Anthologien und besonders bei solchen, die zeitliche Zäsuren setzen, spielt der subjektive Faktor eine nicht zu unterschätzende Rolle. Schließlich verändern sich im Verlauf der Geschichte die moralischen Wertvorstellungen ebenso wie die ästhetischen Präferenzen. Konnte sich der verdienstvolle Herausgeber der *Berühmtesten deutschen Gedichte*, Hans Braam, für diesen seinen ersten Band wie für den vorliegenden auf eine mehr als 200-jährige Tradition des Anthologisierens berufen, auf die verschiedensten Zusammenstellungen von Gedichten zurückgreifen, auf die berühmten Florilegien, die ›Blütenlesen‹ ausgesuchter Gedichte, Zitate oder Sprüche, so erscheinen die Frauengedichte in diesem Blumen-Bouquet der *Berühmtesten deutschen Gedichte* eher wie versehentlich hinzugestreute Blütenschnipsel: Gerade mal sieben Dichterinnen haben dort einen Platz gefunden. Doch das hat durchaus seine Logik, denn Braams Auswahl-Prinzip steht auf den festen Füßen der Arithmetrik. Schließlich basiert die Rangfolge der aufgenommenen Gedichte auf der Häufigkeit, in der sie in den vorliegenden Anthologien erscheinen. Interessant ist, dass die erste anonym verfasste Gedichtsammlung, die ausschließlich Lyrik von Frauen vorstellte, *Gesammelte Frauenzimmer Gedichte*, schon 1764 erschien; wobei es wiederum bezeichnend ist, dass die ursprünglich für mehrere Folgen geplante Sammlung offensichtlich nicht fortgesetzt wurde. Für eine solche Schieflage zwischen Dichtern und Dichterinnen ist nicht zuletzt der subjektive Faktor verantwortlich, die »Ways of Seeing«, wie der Kunsthistoriker John Berger die Rezeptionskonditionen beschrieben hatte. Dabei spielt die Polarisierung der Geschlechtscharaktere als konfrontatives Programm für Frauen und Männer eine entscheidende Rolle. Schließlich war der einzige Wissensbereich, der für das heranwachsende Mädchen als geschlechtsadäquat galt, lange Zeit der religiöse. Hören wir, was der Moralenzyklopädist Hanß-Michel Moscherosch in seinem »christlichen Vermächtnis« dazu sagt:

> Eine Jungfraw soll nicht viel wort machen, dann sie soll nicht viel wissen. Diese stuck sind genug eine Jungfrawen: Betten, Schreiben, Singen vnd daß Haußwesen verstehen. Eine Jungfraw die mehr weiß, die ist bey Verständigen Ehrliebenden Leuten nicht angenehm, sondern veracht.

Noch eindringlicher warnt Moscherosch am Schluss des 15. Traktats:

> Ich verwarne euch nur allein, daß ihr ein stilles, eingezogenes vntadeliges Wesen führt, nicht Winckel außlauffet nach Zeittungen vnd newen dingen. Eine Jungfraw soll das Fenster vnd die Haußthür nimmer anrühren noch betretten, Sie werde dann von jhren Elttern geheissen, oder wolle zur Kirche gehen

Hier ließe sich einwenden, dass eine solche Zuschreibung schließlich aus dem 17. Jahrhundert stamme und längst als überholt gelten könne, ein Einwand, der sich hinsichtlich der Literaturgeschichtsschreibung des 19. und auch noch des frühen 20. Jahrhunderts leicht widerlegen lässt. So liest man in Carl Barthels *Die deutsche Nationalliteratur der Neuzeit* (1853), dass »dem Weib die Schriftstellerei« nur in dem Fall gestattet werden solle, »wenn es weiblich bleibt, wenn es die Schranken, die seinem Geschlecht von Natur und Sitte gezogen sind, nicht überschreitet.« Und selbst Friedrich Sengle platziert in seiner Biedermeier-Analyse (1973) die schreibenden Frauen in einem gesonderten Dameneck. Ein solch imperatives Programm spiegelt sich in der Tatsache wider, dass die ersten Gedichte von Frauen im Schutzraum der Klöster entstanden, religiösen Inhalts waren und anonym blieben. Von wenigen Ausnahmen abgesehen finden sich die berühmtesten Gedichte von Frauen, so wie in dem vorliegenden Band, in der Zeitspanne vom 18. Jahrhundert bis zur Gegenwart.

Ein erster Paradigmenwechsel in der Einstellung zur Frau vollzog sich in der Renaissance, in einer Epoche, in der eine generelle Enttheologisierung stattfand und das Kulturmonopol der Kirche zunehmend entkräftet wurde. Im Rahmen solcher Veränderungen entstand eine adelige Frauenkultur, die bald auch vom gebildeten Bürgertum übernommen wurde. »Idealziel der pädagogischen Bemühungen wird nun die gebildete Jungfrau.« Eine sich vollziehende Entwicklung vom pedantischen Gelehrtentum zur geselligen Bildungskultur, die das weibliche Geschlecht nicht mehr grundsätzlich ausschloss, verstärkte solche Tendenzen und erwies sich für Frauen der Oberschicht als großer Vorteil, denn mittlerweile hielt man die Ausbildung ihrer geistigen Fähigkeiten für wünschenswert und bereichernd für das gesellige Leben. In diesem Kontext entstanden nun immer häufiger auch Gedichte von Frauen, besonders in Italien – und zwar schon im 16. Jahrhundert. Erinnert sei an Isabella Andreini, Schauspielerin und Verfasserin zahlreicher Gedichte, »der in Rom die damals höchste Ehrung für einen Dichter zuteil wurde (nämlich zum ›poeta laureatus‹ gekrönt zu werden).« Auch andere Frauen, wie etwa Maria Malloni, schrieben Gedichte oder *concetti*, witzig formulierte Gedanken, die bei Hochzeiten oder anderen Festlichkeiten vorgetragen wurden. Interessant ist, dass all diese Frauen berufsmäßige Schauspielerinnen waren, im Rahmen der *commedia dell'arte* wirkten, also in einem besonderen Raum lebten, in dem ständig mit Sprache gearbeitet wurde, dichterisch imaginiert werden musste und das Wort von großer Bedeutung war. Dass eine ähnlich frühe Gruppe von Dichterinnen in anderen Ländern nicht zu beobachten ist, hängt damit zusammen, dass dort die weiblichen *personae dramatis* noch lange von männlichen Schauspielern, den sogenannten Mädchen- und Frauendarstellern, verkörpert wurden. Immer hat die Geographie der Räume für Frauen der Feder eine entscheidende Rolle gespielt, waren es die Klöster, die *commedia dell'arte* oder später die Salons, wo sie von prägendem Einfluss waren, man denke etwa an Rahel Varnhagen von Ense. Schließlich fehlte den Dichterinnen bis ins 20. Jahrhundert hinein »A room of One's own«, wie Virginia Woolf in ihrem Essay von 1928 provokativ betonte. Festzuhalten bleibt, dass die frühen Schauspielerinnen-Dichterinnen ihren Unterhalt nicht von ihren Versen bestritten, sondern von ihrem Theaterspiel.

In Deutschland war »Anna Louisa Karsch (1722–1791) zu ihrer Zeit wohl die berühmteste Dichterin […], die erste Frau, die sich ihren Lebensunterhalt mit Schreiben verdiente.« Sie ist in diesem Band mit zwei Gedichten vertreten. Als erste professionelle deutsche Lyrikerin, die von Friedrich II. persönlich nach Berlin berufen wurde, verdient sie auch in diesem Vorwort einen besonderen Platz.

Doch wie wurde man in der ersten Hälfte des 18. Jahrhunderts eine berufmäßige Dichterin? Karsch selbst beschreibt das in einem Brief an den Freund Johann Georg Sulzer wie folgt:

> Die Rinderhirtinn saß einst auf der hölzernen Laufbrücke des Bachs, als sie auf der Seite gegenüber einen Hirtenknaben bemerkte, welchen ein Kreis von Kindern umgab, denen er aus einem Buche vorlas. Husch! Lief die Hirtinn mit unter den Kreis und hörte aufmerksam zu. Sie trieb am anderen Tage ihre Rinder eine Strecke längs dem Ufer bis dahin, wo der Bach über Kiesel rollte. Hier war's leicht hinüber zu kommen (Anna Louisa Karsch).

Die idealisierten und arkadischen Elemente sind unüberhörbar. Anders klingt es in einem Brief an den Freund, in dem Karsch ihre harte Wirklichkeit als Ehefrau und Mutter beschreibt:

> Immer lag ein Buch unter dem Kopfkissen meines Kindes. Ich langte es hervor, so oft ich die Pflichten einer mütterlichen Amme oder die Stelle der Wärterin vertrat. Ich las […] mein Genie lag unter den Steinhaufen der Mühseligkeiten meiner Tage […] ich wünschte mehr Bücher und weniger besetzte Stunden.

Was auffällt in diesem Selbstbild ist der Begriff ›Genie‹. Nicht als Gelegenheitsdichterin, wie es damals die meisten schreibenden Frauen zu tun pflegten, schätzt Karsch sich selbst ein. Sie pocht auf ihre hohe poetologische Mitgift, auf ihr Genie.

Auch für Karsch wie für viele deutsche Lyrikerinnen des 18. und 19. Jahrhunderts waren es die geistlichen Lieder, »die ihre dichterische Phantasie anregen.« Schließlich kannten sie in ihrem eng zugeschnittenen Lebensraum kaum andere inspirierende Quellen, die ihren Blick nach außen hätten lenken können. So erstaunt es nicht, dass sich ihre Gedichte lange Zeit zu drei Themenbereichen bündelten: zu Religion, Natur und Liebe, wobei die Liebe zumeist als Sehnsuchtsort besungen wird.

Die gesellschaftliche Akzeptanz der weiblichen Gedichtproduktion ist niemals geradlinig verlaufen. Sie stand stets im Kontext kultureller Tradierungen und Normen. Während im 18. Jahrhundert im Rahmen der Aufklärung religiöse und moralische Grundsätze neu verhandelt wurden und Männer wie Johann Christoph Gottsched – besonders mit seiner Zeitschrift *Die vernünftigen Tadlerinnen* – Frauen nachdrücklich zum Schreiben ermunterten, gilt das Gleiche nicht für das 19. Jahrhundert. Friedrich Hebbels Frage nach der dichterischen Kompetenz von Frauen ist in ihrem Sarkasmus kaum zu überbieten: »Ob es wohl erlaubt ist«, schreibt der Dichter in gespielter Bescheidenheit, »an die lyrischen Gedichte einer Frau Ansprüche zu machen? Ich wage nicht, hierauf mit Ja zu antworten. Höchstens darf man verlangen, daß die Gedichte, die sie im Inhaltsverzeichnis verspricht, wirklich im Buch stehen.«

Doch das sind die Händel von gestern. Im 20. Jahrhundert haben die deutschen Dichterinnen in der Literaturgeschichte ebenso wie bei den Leserinnen und Lesern längst den ihnen gebührenden Platz gefunden. Else Lasker-Schüler, Elisabeth Langgässer, Ingeborg Bachmann, Ilse Aichinger oder Karin Kiwus, um hier nur einige aus der vorliegenden Anthologie zu nennen, sind inzwischen gefeierte Dichterinnen. Geradezu schwärmerisch äußert sich Gottfried Benn 1952 in seiner Rede auf Else Lasker-Schüler:

> Und dies war die größte Dichterin, die Deutschland je hatte ... Ihre Themen waren vielfach jüdisch, ihre Phantasie orientalisch, aber ihre Sprache war deutsch, ein üppiges, prunkvolles, zartes Deutsch, eine Sprache reich und süß, in jeder Wendung dem Kern des Schöpferischen entsprossen.

Nicht zu Unrecht ist Else Lasker-Schüler – nach Annette von Droste-Hülshoff – die am zweithäufigsten platzierte Dichterin in diesem Band. Und auch wenn Agnes Miegel wegen ihrer Beziehungen zu den völkisch-nationalkonservativen Kollegen, dem sogenannten Wartburger Kreis, immer noch als heikler Fall gilt, sind sechs ihrer frühen Gedichte in diesen Band mit aufgenommen worden. Gerade wegen dieser ›Unterforschung‹ erscheint es uns reizvoll, den Leserinnen und Lesern diese in der Gegenwart selten veröffentlichten Gedichte vorzustellen.

Auch bei den Lyrikerinnen des 20. Jahrhunderts steht das Liebesgedicht weiterhin auf dem Programm. Aber es hat sich verändert. Hier wird keine idealisierte Liebe mehr besungen, kein ferner Geliebter angerufen. Hier beginnt der Alltag sein Recht einzufordern, die rohe Kost der Erfahrung ihren Platz im poetischen Bild zu behaupten. Überdies werden die Diskussionen über die traditionellen Geschlechtscharaktere, die immer noch geltenden Rollenzuweisungen, zunehmend zum Thema gemacht und kritisch beurteilt. So wird die Liebe als äußerst fragil, als unzuverlässig und als höchst komplizierte Gefühlslage beschrieben. *Nichts ist versprochen* nennt Hiltrud Gnüg ihre Anthologie *Liebesgedichte der Gegenwart* und zitiert Ursula Krechel:

> Alle Leichtigkeit fort.
> Schnee pappt grau an den Sohlen,
> du liebtest eine Zwergin.
> Die wuchs.

Die meisten der von Hans Braam präsentierten Dichterinnen des 20. Jahrhunderts beschreiben eher konfliktreiche Liebesverhältnisse, heikle Beziehungen, die keine verlässliche Gültigkeit mehr versprechen. Man glaubt dem Mythos nicht mehr. »Das problematisierte Liebesgedicht hat Hochkonjunktur.« Auffällig sind auch nicht wenige Zeichen von Dominanzverschiebungen zwischen den Geschlechtern. So ist es nicht selten, dass das weibliche Ich den Wunsch hat, sich aus einer Bindung zu lösen, und das *ne me quitte pas*, das »verlass mich nicht«, dem männlichen Ich überlässt. Hinzu kommt, dass die sprachliche Tabuisierung der Sexualität zunehmend außer Kurs gesetzt wird. Die *parties honteuses*, die Schambereiche des menschlichen Körpers, werden fortan nicht mehr floral konnotiert – »da ist denn auch das Blümchen weg« (Gretchen im *Faust*) –, sondern immer häufiger konkret benannt. Nicht zuletzt ist es die Öffnung hin zur Umgangssprache, die den deutschen Gedichten von

Frauen des 20. Jahrhunderts eine neue Aktualität verschafft. So entpuppt sich der vorliegende Band als eine Fundgrube für alle, die mehr wissen wollen als das bisherige Konvolut deutscher Frauendichtung bietet.

Berlin, im Frühjahr 2018 *Renate Möhrmann*

Verwendete Literatur

Carl Barthel: *Die Deutsche Nationalliteratur der Neuzeit*, Braunschweig 1853.

Barbara Becker-Cantarino: *DER LANGE WEG ZUR MÜNDIGKEIT. Frau und Literatur (1500–1800)*, Stuttgart 1987.

Gisela Brinker-Gabler (Hg.): *Deutsche Dichterinnen vom 16. Jahrhundert bis zur Gegenwart. Gedichte und Lebensläufe*, Frankfurt a. M. 1978.

Hiltrud Gnüg: *Nichts ist versprochen. Liebesgedichte der Gegenwart*, Stuttgart 2000.

Friedrich Hebbel: »Kritische Arbeiten [1839]«, in: *Sämtliche Werke, 1. Abt., Bd. 10*, ND Bern 1970.

Renate Möhrmann (Hg.): *Die Schauspielerin – Zur Kulturgeschichte der weiblichen Bühnenkunst*, Frankfurt a. M. 2000.

Hanß-Michel Moscherosch: *Insommis. Cura. Parentum. Christliches Vermächnuß oder, Schuldige Vorsorg Eines Trewen Vatters bey jetzigen Hochetrübten gefährlichsten Zeitt den seinigen zur letzten Nachricht hinderlassen*, Straßburg 1643.

M. Pr: »Das lyrische Werk von Else Lasker-Schüler«, in: *Kindlers Literatur Lexikon*, München 1990.

Uta Schaffers: *Auf überlebtes Elend blick ich nieder. Anna Louisa Karsch – Literarisierung eines Lebens in Selbst- und Fremdzeugnissen*, Göttingen 1997.

Friedrich Sengle: *Biedermeierzeit. Deutsche Literatur im Spannungsfeld zwischen Restauration und Revolution*, Stuttgart 1973.

Die berühmtesten deutschen Gedichte von Frauen

Mechthild von Magdeburg

Die Wüste hat zwölf Ding

Du sollst minnen das Nicht,
Du sollst fliehen das Icht.
Du sollst alleine stahn
Und sollst zu niemand gahn.
Du sollst sehre unmüßig sein
Und von allen Dingen frei sein.
Du sollst die Gefangenen entbinden
Und die Freien zwingen.
Du sollst die Siechen laben
Und sollst doch selbst nichts haben.
Du sollst das Wasser der Pein trinken
Und das Feuer der Minne mit dem Holz der
                              Tugend entzünden:
So wohnest du in der wahren Wüste.

Katharina Regina von Greiffenberg
1633–94

Auf die fruchtbringende Herbstzeit

Freuderfüller, Früchtebringer, vielbeglückter Jahreskoch,
Grünung-, Blüh- und Zeitungziel, werkbeseeltes Lustverlangen!
lange Hoffnung ist in dir in die Taterweisung gangen.
Ohne dich wird nur beschauet, aber nichts genossen noch.

Du Vollkommenheit der Zeiten, mache bald vollkommen doch,
was von Blüh- und Wachstumskraft halbes Leben schon
                                        empfangen!
Deine Wirkung kann allein mit der Werkvollziehung prangen.
Werter Zeitenschatz, ach, bringe jenes Blühen auch so hoch,

schütt aus deinem reichen Horn hochverhoffte Freudenfrüchte!
Lieblich süßer Mundergetzer, lab auch unsern Geist zugleich!
So erhebt mit jenen er deiner Früchte Ruhmgerüchte.

Zeitig' die verlangten Zeiten in dem Oberherrschungsreich,
laß die Anlaßkerne schwarz, Schickungsäpfel saftig werden,
daß man Gottes Gnadenfrücht froh genießt und ißt auf Erden!

Über das unaussprechliche
Heilige-Geist-Eingeben

Du ungeseh'ner Blitz du dunkel-helles Licht,
du Herzerfüllte Kraft, doch unbegreiflichs Wesen
Es ist was Göttliches in meinem Geist gewesen,
das mich bewegt und regt: Ich spür ein seltnes Licht.

Die Seel ist von sich selbst nicht also löblich licht.
Es ist ein Wunder-Wind, ein Geist, ein webend Wesen,
die ewig' Atem-Kraft, das Erz-Sein selbst gewesen,
das ihm in mir entzünd dies Himmel-flammend Licht.

Du Farben-Spiegel-Blick, du wunderbuntes Glänzen!
du schimmerst hin und her, bist unbegreiflich klar
die Geistes Taubenflüg' in Wahrheits-Sonne glänzen.

Der Gott-bewegte Teich, ist auch getrübet klar!
es will erst gegen ihr die Geistes-Sonn beglänzen
den Mond dann dreht er sich wird Erden-ab auch klar.

Gott-lobende Frülings-Lust

Jauchzet, Bäume, Vögel singet! tanzet, Blumen, Felder, lacht!
springt, ihr Brünnlein! Bächlein rauscht! spielet ihr gelinden Winde!
walle, Lust-bewegtes Träid! süße Flüsse fließt geschwinde!
opfert Lob-Geruch dem Schöpfer, der euch frisch und neu gemacht!

jedes Blühlein sei ein Schale, drauf Lob-Opfer ihm gebracht,
jedes Gräslein eine Säul, da sein Namens-Ehr man finde.
An die neu-belaubten Ästlein Gottes Gnaden-Ruhm man binde!
daß, so weit sein Güt sich strecket, werd' auch seiner Ehr gedacht.

Du vor alles, Menschen Volk, seiner Güte Einfluß-Ziele!
aller Lieblichkeit Genießer; Abgrund, wo der Wunderfluß
endet und zu gut verwendet seinen Lieb-vergüldten Guß.

Gott mit Herz, Hand, Sinn und Stimm, lobe, preise dicht' und spiele.
Laß vor Lieb' und Lobes-Gier, Mut und Blut zu Kohlen werden,
lege Lob und Dank darauf: Gott zum süßen Rauch auf Erden.

Luise Adelgunde Gottsched
1713–62

DER SCHULFUCHS

Ein Feind der Kunst, recht klar zu denken,
Der nur verjährte Bücher las,
Orbil stund vor den vollen Bänken,
Darauf die junge Nachwelt saß.
Er floh mit Fleiß die klaren Stellen;
Nur wenn er etwas Dunkles fand,
Davon auch nichts im Faber stand,
So hörte man das Urteil fällen:
»Ihr Jungen! merkt's euch, das ist schön!
Ich selber kann es nicht versteh'n.«

Ein Schüler wollt' ein Redner werden,
Und plünderte den Cicero;
Der kam mit mutigen Gebärden,
Als wär' er bei dem Raube froh.
»So deutlich muß kein Redner schreiben!«
Rief hier mit Poltern mein Orbil.
Denn weil ihm nur Sallust gefiel,
So sprach er, jenen einzutreiben:
»Solch' Zeug kann jeder Geck versteh'n;
Wer dunkel schreibt, der schreibt erst schön!«

Es kam ein and'rer hergetreten,
Ein dreizehnjähriger Virgil,
Der sich von Naso Trost erbeten,
Weil dieser ihm gar wohl gefiel.
Orbil rief, als von Wut getrieben:
»So schmierst Du, Bube, von der Hand?
Ist das ein Vers? Er hat Verstand!
So hat kein Persius geschrieben!
Ich wett', ihr alle könnt's versteh'n.
Laß Wörter aus, nur dann wird's schön.«

Nun kam der Klügste von den Jungen,
Der hatt' ein Stück aus dem Homer
Recht treu und fleißig nachgesungen,
Und forderte bei ihm Gehör.
Doch dies war auch ein deutlich Wesen,
Worin Orbil nichts Finst'res fand:
D'rum warf er's grimmig aus der Hand
Und schrie: »Ich mag den Quark nicht lesen!
Er taugt ja nichts; man kann's versteh'n!
Verdunkl' es erst, dann wird es schön!«

Es klopft' ein Fremder an die Türe,
Der bracht' ihm ein gedruckt' Gedicht.
Er las und sprach: »So viel ich spüre,
Versteht der Kerl die Dichtkunst nicht!«
Der Dichter hatte hin und wieder
Den Kanitz, Neukirch, Günther feil;
D'rum schrie er: »Solche Wiegenlieder,
Die singt man schlafend und in Eil'
Das kann ein Wickelkind versteh'n;
D'rum merkt's: Das Dunkle ist nur schön!«

Ein loser Bube stand von Weitem,
Dem Schalkheit aus den Augen lacht;
Der hatt' auf seine Trefflichkeiten
Dies schwer zu lesend' Lied gemacht:
»Erkiest, der Geister Kraft zu mehren,
Die kaum gewollte Glut durchbricht:
Erfrorner Seelen schmelzend Licht!
Erhabner Quell von höhern Lehren!«
»O!« schrie Orbil, »das, das klingt schön!
Der Teufel selbst kann's nicht versteh'n.

Anna Luise Karsch
1722–91

LOB DER SCHWARZEN KIRSCHEN

Des Weinstocks Saftgewächse ward
Von tausend Dichtern laut erhoben;
Warum will denn nach Sängerart
Kein Mensch die Kirsche loben?

O die karfunkelfarbne Frucht
In reifer Schönheit ward vor diesen
Unfehlbar von der Frau versucht,
Die Milton hat gepriesen.

Kein Apfel reizet so den Gaum
Und löschet so des Durstes Flammen;
Er mag gleich vom Chineser-Baum
In echter Abkunft stammen.

Der ausgekochte Kirschensaft
Gibt aller Sommersuppen beste,
Verleiht der Leber neue Kraft
Und kühlt der Adern Äste;

Und wem das schreckliche Verbot
Des Arztes jeden Wein geraubet,
Der misch ihn mit der Kirsche rot
Dann ist er ihm erlaubet;

Und wäre seine Lunge wund,
Und seine ganze Brust durchgraben:
So darf sich doch sein matter Mund
Mit diesem Tranke laben.

Wenn ich den goldnen Rheinstrandwein
Und silbernen Champagner meide,
Dann Freunde mischt mir Kirschblut drein
Zur Aug- und Zungenweide:

Dann werd' ich eben so verführt,
Als Eva, die den Baum betrachtet,
So schön gewachsen und geziert,
Und nach der Frucht geschmachtet.

Ich trink und rufe dreimal hoch!
Ihr Dichter singt im Ernst und Scherze
Zu oft die Rose, singet doch
Einmal der Kirschen Schwärze!

An Gott,
als sie bei hellem Mondschein erwachte

Wenn ich erwache, denk ich dein!
Du Gott! der Tag und Nacht entscheidet,
Und in der Nacht mit Sonnenschein
Den finstern Mond bekleidet.

Er leuchtet königlich daher,
Aus hoher ungemeßner Ferne,
Und ungezählt, wie Sand am Meer,
Stehn um ihn her die Sterne.

Welch eine Pracht verbreitet sich!
Die Dunkelheit geschmückt mit Lichte
Sieht auf uns nieder, nennet dich
Mit Glanz im Angesichte.

Du Sonnenschöpfer! wie so groß
Bist du im kleinsten Stern dort oben!
Wie unaussprechlich namenlos!
Die Morgensterne loben

Dich mit einander in ein Chor
Geschlossen, wie zu jener Stunde,
Da aus dem Chaos tief hervor
Ein Wort aus deinem Munde

Allmächtig diese Welten rief,
Am Firmament herum gesetzet.
Du sprachst, das Rad der Dinge lief,
Und läuft noch unverletzet.

Noch voller Jugend glänzen sie
Da schon Jahrtausende vergangen!
Der Zeiten Wechsel raubet nie
Das Licht von ihren Wangen.

Hier aber unter ihrem Blick
Vergeht, verfliegt, veraltet alles.
Dem Thronenpomp, dem Kronenglück
Droht eine Zeit des Falles!

Der Mensch verblüht wie prächtig Gras,
Sein Ansehn wird der Zeit zum Raube.
Der Weise, der in Sternen las,
Liegt schon gestreckt im Staube!

Ich lese, großer Schöpfer! dich
Des Nachts in Büchern, aufgeschlagen
Von deiner Hand. O lehre mich
Nach deinem Lichte fragen!

Sei meiner Seele Klarheit, du
Regierer der entstandnen Sterne!
Und blicke meinem Herzen zu,
Daß es dich kennen lerne!

An den Domherrn von Rochow,
als er gesagt hatte,
die Liebe müsse sie gelehrt haben,
so schöne Verse zu machen.

Kenner von deinem saphischen Gesange!
Unter Deinem weißen Überhange
Klopft ein Herze, voller Glut in dir!
Von der Liebe ward es unterrichtet
Dieses Herze, aber ganz erdichtet
Nennst du sie die Lehrerin von mir!

Meine Jugend ward gedrückt von Sorgen,
Seufzend sang an manchem Sommermorgen
Meine Einfalt ihr gestammelt Lied;
Nicht dem Jüngling töneten Gesänge,
Nein, dem Gott, der auf der Menschen Menge
Wie auf Ameishaufen niedersieht!

Ohne Regung, die ich oft beschreibe,
Ohne Zärtlichkeit ward ich zum Weibe,
Ward zur Mutter! wie im wilden Krieg,
Unverliebt ein Mädchen werden müßte,
Die ein Krieger halb gezwungen küßte,
Der die Mauer einer Stadt erstieg.

Sing ich Lieder für der Liebe Kenner:
Dann denk ich den zärtlichsten der Männer,
Den ich immer wünschte, nie erhielt;
Keine Gattin küßte je getreuer,
Als ich in der Sapho sanftem Feuer
Lippen küßte, die ich nie gefühlt!

Was wir heftig lange wünschen müssen,
Und was wir nicht zu erhalten wissen,
Drückt sich tiefer unserm Herzen ein;
Rebensaft verschwendet der Gesunde,
Und erquickend schmeckt des Kranken Munde
Auch im Traum der ungetrunkne Wein.

Emilie (D.C.E. Wehrs)
1755–1808

Ruhig ist des Todes Schlummer
Und der Schoß der Erde kühl,
Da stört unsre Ruh kein Kummer
Nicht der Leidenschaften Spiel;
Unsere Sorgen groß und klein
Schlummern alle mit uns ein.

Über unser Hügel schwinget
Die Vergessenheit den Stab
Und der Schmähsucht Stimme dringet
Nicht ins stille dunkle Grab;
Fehler die uns hier besiegt,
Werden dann nicht mehr gerügt.

Unsre Seufzer, unsre Tränen,
Werden ewig dann gestillt,
Unsre Wünsche, unsre Sehnen,
Alles, alles wird erfüllt.
Herzen die sonst heiß gewallt
Liegen fühllos dann und kalt.

Läg' auch meines, von den Sorgen
Dieses Lebens nicht empört,
In der Erde Schoß verborgen
Wo nichts seinen Frieden stört –
Kühles Grab, o wann nimmst du
Mich in deine stille Ruh?

Anna Barbara Urner
1760–1803

Abendsonne

Goldne Abendsonne,
O wie bist du so schön!
Nie kann ohne Wonne
Deinen Blick ich sehn.

Lachend steigst du nieder
Deine hohe Bahn,
Blickest morgen wieder
Mich so sengend an.

Schon in früher Jugend
Sah ich gern nach dir,
Und der Trieb zur Tugend
Glühte mehr in mir.

Wenn ich so am Abend
Staunend vor dir stand,
Und, an dir mich labend,
Gottes Huld empfand.

In des Herzens Tiefe
War es, als wenn mir
Eine Stimme riefe:
Gott ist nahe dir!

Und bei dem Gefühle
Freute sich die Brust,
Mehr als je beim Spiele
Jugendlicher Lust.

Doch vor dir, o Sonne!
Wend' ich meinen Blick
Mit noch höh'rer Wonne
Auf mich selbst zurück.

Schuf uns ja doch beide
Eines Schöpfers Hand –
Dich im Strahlenkleide,
Mich im Staubgewand.

Friederike Brun
1765–1835

Ich denke dein

Ich denke dein, wenn sich im Blütenregen
    Der Frühling malt
Und wenn des Sommers mildgereifter Segen
    In Ähren strahlt.

Ich denke dein, wenn sich das Weltmeer tönend
    Gen Himmel hebt
Und vor der Wogen Wut das Ufer stöhnend
    Zurücke bebt.

Ich denke dein, wenn sich der Abend rötend
    Im Hain verliert
Und Philomelens Klage leise flötend
    Die Seele rührt.

Beim trüben Lampenschein in bittren Leiden
    Gedacht ich dein;
Die bange Seele flehte nah am Scheiden:
    Gedenke mein!

Ich denke dein, bis wehende Zypressen
    Mein Grab umziehn;
Und auch in Tempes Hain soll unvergessen
    Dein Name blühn.

Sophie Mereau
1770–1806

Feuerfarb

Ich weiß eine Farbe, der bin ich so hold,
Die achte ich höher als Silber und Gold,
Die trag' ich so gerne um Stirn und Gewand,
Und habe sie Farbe der Wahrheit genannt.

Wohl reizet die Rose mit sanfter Gewalt;
Doch bald ist verblichen die süße Gestalt:
Drum ward sie zur Blume der Liebe geweiht;
Bald schwindet ihr Zauber vom Hauche der Zeit.

Die Bläue das Himmels strahlt herrlich und mild:
Drum gab man der Treue dies freundliche Bild.
Doch trübet manch' Wölkchen den Äther so rein:
So schleichen beim Treuen oft Sorgen sich ein.

Die Farbe des Schnees, so strahlend und licht,
Heißt Farbe der Unschuld; doch dauert sie nicht.
Bald ist es verdunkelt, das blendende Kleid:
So trüben auch Unschuld Verleumdung und Neid.

Und Frühlings, von schmeichelnden Lüftchen entbrannt,
Trägt Wäldchen und Wiese der Hoffnung Gewand,
Bald welken die Blätter und sinken hinab:
So sinkt oft der Hoffnungen liebste in's Grab.

Nur Wahrheit bleibt ewig, und wandelt sich nicht:
Sie flammt wie der Sonne allleuchtendes Licht.
Ihr hab' ich mich ewig zu eigen geweiht.
Wohl dem, der ihr blitzendes Auge nicht scheut!

Warum ich, so fragt ihr, der Farbe so hold,
Den heiligen Nahmen der Wahrheit gezollt? –
Weil flammender Schimmer von ihr sich ergießt,
Und ruhige Dauer sie schützend umschließt.

Ihr schadet der nässende Regenguß nicht,
Noch bleicht sie der Sonne verzerrendes Licht;
Drum trag' ich so gern sie um Stirn und Gewand,
Und habe sie Farbe der Wahrheit genannt.

Louise Brachmann
1777–1822

Kolumbus

»Was willst du Fernando, so trüb und bleich?
Du bringst mir traurige Mähr!«
»Ach, edler Feldherr, bereitet Euch!
Nicht länger bezähm' ich das Heer!
Wenn jetzt nicht die Küste sich zeigen will,
So seid Ihr ein Opfer der Wut;
Sie fordern laut wie Sturmgebrüll,
Des Feldherrn heil'ges Blut!«

Und eh' noch dem Ritter das Wort entflohn
Da drängte die Menge sich nach,
Da stürmten die Krieger, die Wütenden schon
Gleich Wogen ins stille Gemach.
Verzweiflung im wilden, verlöschenden Blick,
Auf bleichen Gesichtern der Tod. –
»Verräter! wo ist nun dein gleisendes Glück?
Jetzt rett' uns vom Gipfel der Not!

»Du giebst uns nicht Speise, so gieb uns dann Blut!«
Blut! rief das entzügelte Heer
Sanft stellte der Große den Felsenmut
Entgegen dem stürmenden Meer.
»Befriedigt mein Blut euch, so nehmt es und lebt!
Doch bis noch ein einzigesmal
Die Sonne dem feurigen Osten entschwebt
Vergönnt mir den segnenden Strahl.

Beleuchtet der Morgen kein rettend Gestad,
So biet' ich dem Tode mich gern,
Bis dahin verfolgt noch den mutigen Pfad,
Und trauet der Hülfe des Herrn!«
Die Würde des Helden, sein ruhiger Blick,
Besiegte noch einmal die Wut.
Sie wichen vom Haupte des Führers zurück
Und schonten sein heiliges Blut.

»Wohlan dann! es sei noch! Doch hebt sich der Strahl
Und zeigt uns kein rettendes Land,
So siehst du die Sonne zum letztenmal!
So zittre der strafenden Hand!«
Geschlossen war also der eiserne Bund
Die Schrecklichen kehrten zurück. – –
Es tue der leuchtende Morgen nun kund
Des duldenden Helden Geschick!

Die Sonne sank, der Tag entwich;
Des Helden Brust ward schwer;
Der Kiel durchrauschte schauerlich
Das weite wüste Meer.
Die Sterne zogen still herauf,
Doch ach, kein Hoffnungsstern!
Und von des Schiffes öden Lauf
Blieb Land und Rettung fern.

Vom Trost des süßen Schlafs verbannt,
Die Brust voll Gram, durchwacht
Nach Westen blickend unverwandt,
Der Held die düstre Nacht.
»Nach Westen, o nach Westen hin
Beflügle dich mein Kiel!
Dich grüßt noch sterbend Herz und Sinn,
Du meiner Sehnsucht Ziel!

Doch mild, o Gott, von Himmelshöhn,
Blick auf mein Volk herab!
Laß nicht sie trostlos untergehn
Im wüsten Flutengrab!«
Es sprach's der Held von Mitleid weich; – –
Da horch! welch eiliger Tritt?
Noch einmal Fernando, so trüb' und bleich?
Was bringt dein bebender Schritt?

»Ach edler Feldherr, es ist geschehn!
Jetzt hebt sich der östliche Strahl.«

»Sei ruhig, mein Lieber, von himmlischen Höhn
Entwand sich der leuchtende Strahl.
Es wallet die Allmacht von Pol zu Pol;
Mir lenkt sie zum Tode die Bahn.«
»Leb wohl dann, mein Feldherr! leb ewig wohl!
Ich höre die Schrecklichen nahn!«

Und eh' noch dem Ritter das Wort entflohn,
Da drängte die Menge sich nach;
Da stürmten die Krieger, die wütenden schon
Gleich Wogen ins stille Gemach.
»Ich weiß, was ihr fordert, und bin bereit;
Ja werft mich ins schäumende Meer;
Doch wisset, das rettende Ziel ist nicht weit;
Gott schütze dich irrendes Heer!«

Dumpf klirrten die Schwerter ein wüstes Geschrei
Erfüllte mit Grausen die Luft;
Der Edle bereitet sich still, und frei
Zum Weg' in die flutende Gruft.
Zerrissen war jedes geheiligte Band;
Schon sah sich zum schwindelnden Rand
Der treffliche Führer gerissen; – – Und: Land!
Land! rief es, und donnert' es, Land!!

Ein glänzender Streifen, mit Purpur gemahlt,
Erschien dem beflügelten Blick;
Vom Golde der steigenden Sonne bestrahlt
Erhob sich das winkende Glück,
Was kaum noch geahndet der zagende Sinn,
Was mutvoll der Große gedacht; – –
Sie stürzten zu Füßen des Herrlichen hin, –
Und priesen die göttliche Macht.

Karoline von Günderode
1780–1806

Die eine Klage

Wer die tiefste aller Wunden
Hat in Geist und Sinn empfunden
Bittrer Trennung Schmerz;
Wer geliebt was er verloren,
Lassen muß was er erkoren,
Das geliebte Herz,

Der versteht in Lust die Tränen
Und der Liebe ewig Sehnen
Eins in Zwei zu sein,
Eins im Andern sich zu finden,
Daß der Zweiheit Grenzen schwinden
Und des Daseins Pein.

Wer so ganz in Herz und Sinnen
Konnt' ein Wesen liebgewinnen
O! den tröstet's nicht
Daß für Freuden, die verloren,
Neue werden neu geboren:
Jene sind's doch nicht.

Das geliebte, süße Leben,
Dieses Nehmen und dies Geben,
Wort und Sinn und Blick,
Dieses Suchen und dies Finden,
Dieses Denken und Empfinden
Gibt kein Gott zurück.

Liebe

O reiche Armut! Gebend, seliges Empfangen!
In Zagheit Mut! in Freiheit doch gefangen.
    In Stummheit Sprache,
    Schüchtern bei Tage,
    Siegend mit zaghaftem Bangen.
Lebendiger Tod, im Einen sel'ges Leben
Schwelgend in Not, im Widerstand ergeben,
    Genießend schmachten,
    Nie satt betrachten
Leben im Traum und doppelt Leben.

Hochrot

Du innig Rot,
Bis an den Tod
Soll meine Liebe Dir gleichen,
Soll nimmer bleichen,
Bis an den Tod,
Du glühend Rot,
Soll sie Dir gleichen.

Der Kuss im Traume

Es hat ein Kuß mir Leben eingehaucht,
Gestillet meines Busens tiefstes Schmachten,
Komm, Dunkelheit! mich traulich zu umnachten,
Daß neue Wonnen meine Lippe saugt.

In Träume war solch Leben eingetaucht,
Drum leb' ich, ewig Träume zu betrachten,
Kann aller andern Freuden Glanz verachten,
Weil nur die Nacht so süßen Balsam haucht.

Der Tag ist karg an liebesüßen Wonnen,
Es schmerzt mich seines Lichtes eitles Prangen
Und mich verzehren seiner Sonne Gluten.
Drum birg dich Aug' dem Glanze ird'scher Sonnen!
Hüll' dich in Nacht, sie stillet dein Verlangen
Und heilt den Schmerz wie Lethe's kühle Fluten.

Der Luftschiffer

Gefahren bin ich in schwankendem Kahne
Auf dem blaulichen Ozeane,
Der die leuchtenden Sterne umfließt,
Habe die himmlischen Mächte begrüßt.
War in ihrer Betrachtung versunken,
Habe den ewigen Äther getrunken,
Habe dem Irdischen ganz mich entwandt,
Droben die Schriften der Sterne erkannt
Und in ihrem Kreisen und Drehen
Bildlich den heiligen Rhythmus gesehen,
Der gewaltig auch jeglichen Klang
Reißt zu des Wohllauts wogendem Drang.
Aber ach! es ziehet mich hernieder,
Nebel überschleiert meinen Blick,
Und der Erde Grenzen seh' ich wieder,
Wolken treiben mich zurück.
Wehe! Das Gesetz der Schwere
Es behauptet nur sein Recht,
Keiner darf sich ihm entziehen
Von dem irdischen Geschlecht.

Der Kaukasus

Mir zu Häupten Wolken wandeln,
Mir zur Seite Luft verwehet,
Wellen mir den Fuß umspielen,
Türmen sich und brausen, sinken. –
Meine Schläfe, Jahr' umgauklen,
Sommer, Frühling, Winter kamen,
Frühling mich nicht grün bekleidet,
Sommer hat mich nicht entzündet,
Winter nicht mein Haupt gewandelt.
Hoch mein Gipfel über Wolken,
Eingetaucht im ewgen Äther,
Freuet sich des steten Lebens.

Helmina von Chézy
1783–1856

Treue Liebe

Ach wie ist's möglich dann,
Daß ich dich lassen kann!
hab' dich von Herzen lieb,
das glaube mir!
Du hast das Herze mein
So ganz genommen ein,
daß ich kein and're lieb',
als dich allein.

Blau blüht ein Blümelein,
Das heißt Vergißnichtmein;
Dies Blümlein leg ans Herz
Und denke mein!
Stirbt Blum' und Hoffnung gleich,
sind wir an Liebe reich;
Denn die stirbt nie bei mir,
das glaube mir!

Wär' ich ein Vögelein,
Bald wollt' ich bei dir sein,
scheut' Falk und Habicht nicht,
flög' schnell zu dir.
Schöss' mich ein Jäger tot,
fiel ich in deinen Schoß;
sähst du mich traurig an,
gern stürb' ich dann.

Jesus und das Moos

In tiefster Schlucht im Waldesschoß,
Entsproßt das grüne, zarte Moos,
Ein Teppich, sammetweich.
Den Blicken zeigt es sich nur klein,
Doch schließt sein Bau ein Wunder ein
Von Wipfel, Laub und Zweig.

Zu Rosenglut und Waldesgrün
Schaut's niedre Moos, und seufzt': solch Blühn
Gab mir der Himmel nicht!
Viel Tritte rauschen über mir
Und nicht ein Auge sieht mich hier,
Denn alle lockt das Licht!

Und sieh'! da kommt im Abendschein
Der Heiland wandelnd durch den Hain
Mit bleichem Angesicht.
Mit wundem Fuß er weiter mußt',
Da fühlt er's weiche Moos mit Lust
Zu seinen Füßen dicht.

Er kam erst durch die Wüste her,
Da brannten Sand und Sonne sehr,
Nun kühlt das sanfte Moos.
Da spricht der Heiland: »Vaters Hand
Hat solche Lieb' auf dich gewandt
In Zartheit ernst und groß!

»Welch Auge mag so blöde sein,
Erkennt nicht in der Kleinheit dein
Des Schöpfers Macht und Huld?
Du zierlich Kraut, so unbeacht't,
Dein hat der Vater auch gedacht,
Dein Los trag' mit Geduld!«

Dies Wort bracht' Jesus kaum hervor,
Da sprießt es aus dem Moos empor,
Ein Röslein, wundermild!
Moosröslein wurd' es bald genannt,
Das blühet nun in jedem Land,
Der Demut süßes Bild.

Des Heilands Erdenleid versüßt
Hat es, die Füß' ihm sanft geküßt,
Deß wurd' ihm solcher Lohn.
O Herz, bleib' immer treu und weich,
Bist du bedrückt, dem Moose gleich,
Dann knospt die Rose schon!

Marianne von Willemer
1784–1860

Ach, um deine feuchten Schwingen
West wie sehr ich dich beneide,
Denn du kannst ihm Kunde bringen,
Was ich in der Trennung leide!

Die Bewegung deiner Flügel
Weckt im Busen stilles Sehnen,
Blumen, Augen, Wald und Hügel
Stehn bei deinem Hauch in Tränen.

Doch dein mildes sanftes Wehen
Kühlt die wunden Augenlider;
Ach, für Leid müßt ich vergehen,
Hofft ich nicht zu sehn uns wieder.

Geh denn hin zu meinem Lieben,
Spreche sanft zu seinem Herzen,
Doch vermeid ihn zu betrüben
Und verbirg ihm meine Schmerzen.

Sag ihm nur, doch sags bescheiden:
Seine Liebe sei mein Leben,
Freudiges Gefühl von beiden
Wird mir seine Nähe geben.

Hochbeglückt in deiner Liebe
Schelt ich nicht Gelegenheit;
Ward sie auch an dir zum Diebe,
Wie mich solch ein Raub erfreut!
Und wozu denn auch berauben?
Gib dich mir aus freier Wahl;
Gar zu gerne möcht ich glauben –
Ja, ich bins, die dich bestahl.

Was so willig du gegeben,
Bringt dir herrlichen Gewinn;
Meine Ruh, mein reiches Leben
Geb ich freudig, nimm es hin!

Scherze nicht! Nichts von Verarmen!
Macht uns nicht die Liebe reich?
Halt ich dich in meinen Armen,
Jedem Glück ist meines gleich.

Was bedeutet die Bewegung?
Bringt der Ostwind frohe Kunde?
Seiner Schwingen frische Regung
Kühlt des Herzens tiefe Wunde.

Kosend spielt er mit dem Staube,
Jagt ihn auf in leichten Wölkchen,
Treibt zur sichern Rebenlaube
Der Insekten frohes Völkchen.

Lindert sanft der Sonne Glühen,
Kühlt auch mir die heißen Wangen,
Küßt die Reben noch im Fliehen
Die auf Feld und Hügel prangen.

Und mich soll sein leises Flüstern
Von dem Freunde lieblich grüßen,
Eh noch diese Hügel düstern
Sitz ich still zu seinen Füßen.

Und du magst nun weiter ziehen,
Diene Frohen und Betrübten,
Dort wo hohe Mauern glühen
Finde ich den Vielgeliebten.

Ach, die wahre Herzenskunde,
Liebeshauch, erfrischtes Leben
Wird mir nur aus seinem Munde,
Kann mir nur sein Atem geben.

Bettina von Arnim
1785–1859

SEELIED

Es schien der Mond gar helle,
Die Sterne blinkten klar,
Es schliefen tief die Wellen,
Das Meer ganz stille war.

Ein Schifflein lag vor Anker,
Ein Schiffer trat herfür:
Ach wenn doch all mein Leiden
Hier tief versunken wär.

Mein Schifflein liegt vor Anker,
Hat keine Ladung drin,
Ich lad ihm auf mein Leiden,
Und laß es fahren hin.

Und als er sich entrissen
Die Schmerzen mit Gewalt,
Da war sein Herz zerrissen,
Sein Leben war erkalt.

Die Leiden all schon schwimmen
Auf hohem Meere frei,
Da heben sie an zu singen
Eine finst're Melodei.

Wir haben fest gesessen
In eines Mannes Brust,
Wo tapfer wir gestritten
Mit seines Lebens Lust.

Nun müssen wir hier irren
Im Schifflein hin und her;
Ein Sturm wird uns verschlingen,
Ein Ungeheuer im Meer.

Da mußten die Wellen erwachen
Bei diesem trüben Sang;
Verschlangen still den Nachen
Mit allem Leiden bang.

Annette von Droste-Hülshoff
1797–1848

Der Knabe im Moor

O schaurig ist's über's Moor zu gehn,
Wenn es wimmelt vom Heiderauche,
Sich wie Phantome die Dünste drehn
Und die Ranke häkelt am Strauche,
Unter jedem Tritte ein Quellchen springt,
Wenn aus der Spalte es zischt und singt,
O schaurig ist's über's Moor zu gehn,
Wenn das Röhricht knistert im Hauche!

Fest hält die Fibel das zitternde Kind
Und rennt als ob man es jage;
Hohl über die Fläche sauset der Wind –
Was raschelt drüben am Haage?
Das ist der gespenstische Gräberknecht,
Der dem Meister die besten Torfe verzecht;
Hu, hu, es bricht wie ein irres Rind!
Hinducket das Knäblein zage.

Vom Ufer starret Gestumpf hervor,
Unheimlich nicket die Föhre,
Der Knabe rennt, gespannt das Ohr,
Durch Riesenhalme wie Speere;
Und wie es rieselt und knittert darin!
Das ist die unselige Spinnerin,
Das ist die gebannte Spinnlenor',
Die den Haspel dreht im Geröhre!

Voran, voran, nur immer im Lauf,
Voran als woll' es ihn hohlen;
Vor seinem Fuße brodelt es auf,
Es pfeift ihm unter den Sohlen
Wie eine gespenstische Melodei;
Das ist der Geigemann ungetreu,
Das ist der diebische Fiedler Knauf,
Der den Hochzeitsheller gestohlen!

Da birst das Moor, ein Seufzer geht
Hervor aus der klaffenden Höhle;
Weh, weh, da ruft die verdammte Margreth:
»Ho, ho, meine arme Seele!«
Der Knabe springt wie ein wundes Reh,
Wär' nicht Schutzengel in seiner Näh',
Seine bleichenden Knöchelchen fände spät
Ein Gräber im Moorgeschwehle.

Da mählig gründet der Boden sich,
Und drüben, neben der Weide,
Die Lampe flimmert so heimatlich,
Der Knabe steht an der Scheide.
Tief atmet er auf, zum Moor zurück
Noch immer wirft er den scheuen Blick:
Ja, im Geröhre war's fürchterlich,
O schaurig wars in der Haide!

AM TURME

Ich steh' auf hohem Balkone am Turm,
Umstrichen vom schreienden Staare,
Und laß' gleich einer Mänade den Sturm
Mir wühlen im flatternden Haare;
O wilder Geselle, o toller Fant,
Ich möchte dich kräftig umschlingen,
Und, Sehne an Sehne, zwei Schritte vom Rand
Auf Tod und Leben dann ringen!

Und drunten seh' ich am Strand, so frisch
Wie spielende Doggen, die Wellen
Sich tummeln rings mit Geklaff und Gezisch,
Und glänzende Flocken schnellen.
O, springen möcht' ich hinein alsbald,
Recht in die tobende Meute,
Und jagen durch den korallenen Wald
Das Wallroß, die lustige Beute!

Und drüben seh' ich ein Wimpel wehn
So keck wie eine Standarte,
Seh auf und nieder den Kiel sich drehn
Von meiner luftigen Warte;
O, sitzen möcht' ich im kämpfenden Schiff,
Das Steuerruder ergreifen,
Und zischend über das brandende Riff
Wie eine Seemöve streifen.

Wär ich ein Jäger auf freier Flur,
Ein Stück nur von einem Soldaten,
Wär ich ein Mann doch mindestens nur,
So würde der Himmel mir raten;
Nun muß ich sitzen so fein und klar,
Gleich einem artigen Kinde,
Und darf nur heimlich lösen mein Haar,
Und lassen es flattern im Winde!

Im Grase

Süße Ruh, süßer Taumel im Gras,
Von des Krautes Arome umhaucht,
Tiefe Flut, tief tief trunkne Flut,
Wenn die Wolk am Azure verraucht,
Wenn aufs müde, schwimmende Haupt
Süßes Lachen gaukelt herab,
Liebe Stimme säuselt und träuft
Wie die Lindenblüt' auf ein Grab.

Wenn im Busen die Toten dann,
Jede Leiche sich streckt und regt,
Leise, leise den Odem zieht.
Die geschloßne Wimper bewegt
Tote Lieb', tote Lust, tote Zeit,
All die Schätze, im Schutt verwühlt,
Sich berühren mit schüchternem Klang
Gleich den Glöckchen, vom Winde umspielt

Stunden, flücht'ger ihr als der Kuß
Eines Strahls auf den trauernden See,
Als des ziehenden Vogels Lied,
Das mir niederperlt aus der Höh.
Als des schillernden Käfers Blitz
Wenn den Sonnenpfad er durcheilt,
Als der heiße Druck einer Hand,
Die zum letzten Male verweilt.

Dennoch, Himmel, immer mir nur
Dieses Eine nur: für das Lied
Jedes freien Vogels im Blau
Eine Seele, die mit ihm zieht,
Nur für jeden kärglichen Strahl
Meinen farbigschillernden Saum,
Jeder warmen Hand meinen Druck
Und für jedes Glück meinen Traum.

Das Haus in der Heide

Wie lauscht, vom Abendschein umzuckt,
Die strohgedeckte Hütte,
– Recht wie im Nest der Vogel duckt, –
Aus dunkler Föhren Mitte.

Am Fensterloche streckt das Haupt
Die weißgestirnte Stärke,
Bläst in den Abendduft und schnaubt
Und stößt an's Holzgewerke.

Seitab ein Gärtchen, dornumhegt,
Mit reinlichem Gelände,
Wo matt ihr Haupt die Glocke trägt,
Aufrecht die Sonnenwende.

Und drinnen kniet ein stilles Kind,
Das scheint den Grund zu jäten,
Nun pflückt sie eine Lilie lind
Und wandelt längs den Beeten.

Am Horizonte Hirten, die
Im Heidekraut sich strecken,
Und mit des Aves Melodie
Träumende Lüfte wecken.

Und von der Tenne ab und an
Schallt es wie Hammerschläge,
Der Hobel rauscht, es fällt der Span,
Und langsam knarrt die Säge.

Da hebt der Abendstern gemach
Sich aus den Föhrenzweigen,
Und grade ob der Hütte Dach
Scheint er sich mild zu neigen.

Es ist ein Bild, wie still und heiß
Es alte Meister hegten,
Kunstvolle Mönche, und mit Fleiß
Es auf den Goldgrund legten.

Der Zimmermann – die Hirten gleich
Mit ihrem frommen Liede –
Die Jungfrau mit dem Lilienzweig –
Und rings der Gottesfriede.

Des Sternes wunderlich Geleucht
Aus zarten Wolkenfloren –
Ist etwa hier im Stall vielleicht
Christkindlein heut geboren?

Der Weiher

Er liegt so still im Morgenlicht,
So friedlich, wie ein fromm Gewissen;
Wenn Weste seinen Spiegel küssen,
Des Ufers Blume fühlt es nicht;
Libellen zittern über ihn,
Blaugoldne Stäbchen und Karmin,
Und auf des Sonnenbildes Glanz
Die Wasserspinne führt den Tanz;
Schwertlilienkranz am Ufer steht
Und horcht des Schilfes Schlummerliede;
Ein lindes Säuseln kommt und geht,
Als flüstr' es: Friede! Friede! Friede! –

Durchwachte Nacht

Wie sank die Sonne glüh und schwer!
Und aus versengter Welle dann
Wie wirbelte der Nebel Heer,
Die sternenlose Nacht heran!
– Ich höre ferne Schritte gehn, –
Die Uhr schlägt Zehn.

Noch ist nicht alles Leben eingenickt,
Der Schlafgemächer letzte Türen knarren,
Vorsichtig in der Rinne Bauch gedrückt,
Schlüpft noch der Iltis an des Giebels Sparren,
Die schlummertrunkne Färse murrend nickt,
Und fern im Stalle dröhnt des Rosses Scharren,
Sein müdes Schnauben, bis vom Mohn getränkt,
Es schlaff die regungslose Flanke senkt.

Betäubend gleitet Fliederhauch
Durch meines Fensters offnen Spalt,
Und an der Scheibe grauem Rauch
Der Zweige wimmelnd Neigen wallt.

Matt bin ich, matt wie die Natur! –
Elf schlägt die Uhr.

O wunderliches Schlummerwachen, bist
Der zartren Nerve Fluch du oder Segen? –
S' ist eine Nacht vom Taue wach geküßt,
Das Dunkel fühl ich kühl wie feinen Regen
An meine Wangen gleiten, das Gerüst
Des Vorhangs scheint sich schaukelnd zu bewegen,
Und dort das Wappen an der Decke Gips,
Schwimmt sachte mit dem Schlängeln des Polyps.

Wie mir das Blut im Hirne zuckt!
Am Söller geht Geknister um,
Im Pulte raschelt es und ruckt
Als drehe sich der Schlüssel um,
Und – horch! der Seiger hat gewacht,
S' ist Mitternacht.

War das ein Geisterlaut? so schwach und leicht
Wie kaum berührten Glases schwirrend Klingen,
Und wieder wie verhaltnes Weinen, steigt
Ein langer Klageton aus den Syringen,
Gedämpfter, süßer nun, wie tränenfeucht
Und selig kämpft verschämter Liebe Ringen;
O Nachtigall, das ist kein wacher Sang,
Ist nur im Traum gelös'ter Seele Drang.

Da kollerts nieder vom Gestein!
Des Turmes morsche Trümmer fällt,
Das Käuzlein knackt und hustet drein.
Ein jäher Windesodem schwellt
Gezweig und Kronenschmuck des Hains;
– Die Uhr schlägt Eins. –

Und drunten das Gewölke rollt und klimmt;
Gleich einer Lampe aus dem Hünenmaale
Hervor des Mondes Silbergondel schwimmt,
Verzitternd auf der Gasse blauem Stahle,

An jedem Fliederblatt ein Fünkchen glimmt,
Und hell gezeichnet von dem blassen Strahle
Legt auf mein Lager sich des Fensters Bild,
Vom schwanken Laubgewimmel überhüllt.

Jetzt möcht ich schlafen, schlafen gleich,
Entschlafen unterm Mondeshauch,
Umspielt vom flüsternden Gezweig,
Im Blute Funken, Funk' im Strauch
Und mir im Ohre Melodei;
– Die Uhr schlägt Zwei. –

Und immer heller wird der süße Klang,
Das liebe Lachen; es beginnt zu ziehen,
Gleich Bildern von Daguerre, die Deck' entlang,
Die aufwärts steigen mit des Pfeiles Fliehen;
Mir ist, als seh' ich lichter Locken Hang,
Gleich Feuerwürmern seh ich Augen glühen,
Dann werden feucht sie, werden blau und lind,
Und mir zu Füßen sitzt ein schönes Kind.

Es sieht empor, so fromm gespannt,
Die Seele strömend aus dem Blick,
Nun hebt es gaukelnd seine Hand,
Nun zieht es lachend sie zurück,
Und – horch! des Hahnes erster Schrei! –
Die Uhr schlägt Drei.

Wie bin ich aufgeschreckt – o süßes Bild
Du bist dahin, zerflossen mit dem Dunkel!
Die unerfreulich graue Dämmrung quillt,
Verloschen ist des Flieders Taugefunkel,
Verrostet steht des Mondes Silberschild,
Im Walde gleitet ängstliches Gemunkel,
Und meine Schwalbe an des Frieses Saum
Zirpt leise, leise auf im schweren Traum.

Der Tauben Schwärme kreisen scheu,
Wie trunken, in des Hofes Rund,

Und wieder gellt des Hahnes Schrei,
Auf seiner Streue rückt der Hund,
Und langsam knarrt des Stalles Tür,
– Die Uhr schlägt Vier. –

Da flammts im Osten auf, – o Morgenglut!
Sie steigt, sie steigt, und mit dem ersten Strahle
Strömt Wald und Haide vor Gesangesflut,
Das Leben quillt aus schäumendem Pokale,
Es klirrt die Sense, flattert Falkenbrut,
Im nahen Forste schmettern Jagdsignale,
Und wie ein Gletscher, sinkt der Träume Land
Zerrinnend in des Horizontes Brand.

Im Moose

Als jüngst die Nacht dem sonnenmüden Land
Der Dämmrung leise Boten hat gesandt,
Da lag ich einsam noch in Waldes Moose.
Die dunklen Zweige nickten so vertraut,
An meiner Wange flüsterte das Kraut,
Unsichtbar duftete die Heiderose.

Und flimmern sah ich, durch der Linde Raum,
Ein mattes Licht, das im Gezweig der Baum
Gleich einem mächt'gen Glühwurm schien zu tragen.
Es sah so dämmernd wie ein Traumgesicht,
Doch wuste ich, es war der Heimat Licht,
In meiner eignen Kammer angeschlagen.

Ringsum so still, daß ich vernahm im Laub
Der Raupe Nagen, und wie grüner Staub
Mich leise wirbelnd Blätterflöckchen trafen.
Ich lag und dachte, ach so Manchem nach,
Ich hörte meines eignen Herzens Schlag,
Fast war es mir als sei ich schon entschlafen.

Gedanken tauchten aus Gedanken auf,
Das Kinderspiel, der frischen Jahre Lauf,
Gesichter, die mir lange fremd geworden;
Vergeßne Töne summten um mein Ohr,
Und endlich trat die Gegenwart hervor,
Da stand die Welle, wie an Ufers Borden.

Dann, gleich dem Bronnen, der verrinnt im Schlund,
Und drüben wieder sprudelt aus dem Grund,
So stand ich plötzlich in der Zukunft Lande;
Ich sah mich selber, gar gebückt und klein,
Geschwächten Auges, am ererbten Schrein
Sorgfältig ordnen staub'ge Liebespfande.

Die Bilder meiner Lieben sah ich klar,
In einer Tracht, die jetzt veraltet war,
Mich sorgsam lösen aus verblichnen Hüllen,
Löckchen, vermorscht, zu Staub zerfallen schier,
Sah über die gefurchte Wange mir
Langsam herab die karge Träne quillen.

Und wieder an des Friedhofs Monument,
Dran Namen standen, die mein Lieben kennt,
Da lag ich betend, mit gebrochnen Knieen,
Und – horch, die Wachtel schlug! Kühl strich der Hauch –
Und noch zuletzt sah ich, gleich einem Rauch,
Mich leise in der Erde Poren ziehen.

Ich fuhr empor, und schüttelte mich dann,
Wie Einer, der dem Scheintod erst entrann,
Und taumelte entlang die dunklen Haage,
Noch immer zweifelnd, ob der Stern am Rain
Sei wirklich meiner Schlummerlampe Schein
Oder das ew'ge Licht am Sarkophage.

Das Spiegelbild

Schaust du mich an aus dem Kristall,
Mit deiner Augen Nebelball,
Kometen gleich die im Verbleichen;
Mit Zügen, worin wunderlich
Zwei Seelen wie Spione sich
Umschleichen, ja, dann flüstre ich:
Phantom, du bist nicht meines Gleichen!

Bist nur entschlüpft der Träume Hut,
Zu eisen mir das warme Blut,
Die dunkle Locke mir zu blassen;
Und dennoch, dämmerndes Gesicht,
Drin seltsam spielt ein Doppellicht,
Trätest du vor, ich weiß es nicht,
Würd' ich dich lieben oder hassen?

Zu deiner Stirne Herrscherthron,
Wo die Gedanken leisten Frohn
Wie Knechte, würd ich schüchtern blicken;
Doch von des Auges kaltem Glast,
Voll todten Lichts, gebrochen fast,
Gespenstig, würd, ein scheuer Gast,
Weit, weit ich meinen Schemel rücken.

Und was den Mund umspielt so lind,
So weich und hülflos wie ein Kind,
Das möcht in treue Hut ich bergen;
Und wieder, wenn er höhnend spielt,
Wie von gespanntem Bogen zielt,
Wenn leis' es durch die Züge wühlt,
Dann möcht ich fliehen wie vor Schergen.

Es ist gewiß, du bist nicht Ich,
Ein fremdes Dasein, dem ich mich
Wie Moses nahe, unbeschuhet,
Voll Kräfte, die mir nicht bewußt,

Voll fremden Leides, fremder Lust;
Gnade mir Gott, wenn in der Brust
Mir schlummernd deine Seele ruhet!

Und dennoch fühl ich, wie verwandt,
Zu deinen Schauern mich gebannt,
Und Liebe muß der Furcht sich einen.
Ja, trätest aus Kristalles Rund,
Phantom, du lebend auf den Grund,
Nur leise zittern würd ich, und
Mich dünkt – ich würde um dich weinen!

Mondesaufgang

An des Balkones Gitter lehnte ich
Und wartete, du mildes Licht, auf dich;
Hoch über mir, gleich trübem Eiskristalle,
Zerschmolzen, schwamm des Firmamentes Halle,
Der See verschimmerte mit leisem Dehnen,
– Zerfloßne Perlen oder Wolkentränen? –
Es rieselte, es dämmerte um mich,
Ich wartete, du mildes Licht, auf dich!

Hoch stand ich, neben mir der Linden Kamm,
Tief unter mir Gezweige, Ast und Stamm,
Im Laube summte der Phalänen Reigen,
Die Feuerfliege sah ich glimmend steigen;
Und Blüten taumelten wie halb entschlafen;
Mir war, als treibe hier ein Herz zum Hafen,
Ein Herz, das übervoll von Glück und Leid,
Und Bildern seliger Vergangenheit.

Das Dunkel stieg, die Schatten drangen ein, –
Wo weilst du, weilst du denn, mein milder Schein! –
Sie drangen ein, wie sündige Gedanken,
Des Firmamentes Woge schien zu schwanken,

Verzittert war der Feuerfliege Funken,
Längst die Phaläne an den Grund gesunken,
Nur Bergeshäupter standen hart und nah,
Ein finstrer Richterkreis, im Düster da.

Und Zweige zischelten an meinem Fuß
Wie Warnungsflüstern oder Todesgruß,
Ein Summen stieg im weiten Wassertale
Wie Volksgemurmel vor dem Tribunale;
Mir war, als müsse etwas Rechnung geben,
Als stehe zagend ein verlornes Leben,
Als stehe ein verkümmert Herz allein,
Einsam mit seiner Schuld und seiner Pein.

Da auf die Wellen sank ein Silberflor,
Und langsam steigst du, frommes Licht, empor;
Der Alpen finstre Stirnen strichst du leise,
Und aus den Richtern wurden sanfte Greise,
Der Wellen Zucken ward ein lächelnd Winken,
An jedem Zweige sah ich Tropfen blinken,
Und jeder Tropfen schien ein Kämmerlein,
Drin flimmerte der Heimatlampe Schein.

O, Mond, du bist mir wie ein später Freund,
Der seine Jugend dem Verarmten eint,
Um seine sterbenden Erinnerungen
Des Lebens zarten Widerschein geschlungen,
Bist keine Sonne, die entzückt und blendet,
In Feuerströmen lebt, in Blute endet –
Bist, was dem kranken Sänger sein Gedicht,
Ein fremdes, aber o ein mildes Licht!

Die Vergeltung

I

Der Kapitän steht an der Spiere,
Das Fernrohr in gebräunter Hand,
Dem schwarzgelockten Passagiere
Hat er den Rücken zugewandt.
Nach einem Wolkenstreif in Sinnen
Die beiden wie zwei Pfeiler sehn,
Der Fremde spricht: »was braut da drinnen?«
»Der Teufel,« brummt der Kapitän.

Da hebt von morschen Balkens Trümmer
Ein Kranker seine feuchte Stirn,
Des Äthers Blau, der See Geflimmer,
Ach, Alles quält sein fiebernd Hirn!
Er läßt die Blicke, schwer und düster,
Entlängs dem harten Pfühle gehn,
Die eingegrabnen Worte liest er:
»Batavia. Fünfhundert Zehn.«

Die Wolke steigt, zur Mittagsstunde
Das Schiff ächzt auf der Wellen Höhn,
Gezisch, Geheul aus wüstem Grunde,
Die Bohlen weichen mit Gestöhn.
»Jesus, Marie! wir sind verloren!«
Vom Mast geschleudert der Matros',
Ein dumpfer Krach in Aller Ohren,
Und langsam löst der Bau sich los.

Noch liegt der Kranke am Verdecke,
Um seinen Balken fest geklemmt,
Da kömmt die Flut, und eine Strecke
Wird er in's wüste Meer geschwemmt.
Was nicht geläng' der Kräfte Sporne,
Das leistet ihm der starre Krampf,
Und wie ein Narwal mit dem Horne
Schießt fort er durch der Wellen Dampf

Wie lange so? er weiß es nimmer,
Dann trifft ein Stral des Auges Ball,
Und langsam schwimmt er mit der Trümmer
Auf ödem glitzerndem Kristall.
Das Schiff! – die Mannschaft! – sie versanken.
Doch nein, dort auf der Wasserbahn,
Dort sieht den Passagier er schwanken
In einer Kiste morschem Kahn.

Armselge Lade! sie wird sinken,
Er strengt die heisre Stimme an:
»Nur grade! Freund, du drückst zur Linken!«
Und immer näher schwankt's heran,
Und immer näher treibt die Trümmer,
Wie ein verwehtes Möwennest;
»Courage!« ruft der kranke Schwimmer,
»Mich dünkt ich sehe Land im West!«

Nun rühren sich der Fähren Ende,
Er sieht des fremden Auges Blitz,
Da plötzlich fühlt er starke Hände,
Fühlt wütend sich gezerrt vom Sitz.
»Barmherzigkeit! ich kann nicht kämpfen.«
Er klammert dort, er klemmt sich hier;
Ein heisrer Schrei, den Wellen dämpfen,
Am Balken schwimmt der Passagier.

Dann hat er kräftig sich geschwungen,
Und schaukelt durch das öde Blau,
Er sieht das Land wie Dämmerungen
Enttauchen und zergehn in Grau.
Noch lange ist er so geschwommen,
Umflattert von der Möwe Schrei,
Dann hat ein Schiff ihn aufgenommen,
Viktoria! nun ist er frei!

II

Drei kurze Monde sind verronnen,
Und die Fregatte liegt am Strand,
Wo Mittags sich die Robben sonnen,
Und Bursche klettern über'n Rand,
Den Mädchen ist's ein Abenteuer
Es zu erschaun vom fernen Riff,
Denn noch zerstört ist nicht geheuer
Das gräuliche Corsarenschiff.

Und vor der Stadt da ist ein Waten,
Ein Wühlen durch das Kiesgeschrill,
Da die verrufenen Piraten
Ein Jeder sterben sehen will.
Aus Strandgebälken, morsch, zertrümmert,
Hat man den Galgen, dicht am Meer,
In wüster Eile aufgezimmert.
Dort dräut er von der Düne her!

Welch ein Getümmel an den Schranken! –
»Da kommt der Frei – der Hessel jetzt –
Da bringen sie den schwarzen Franken,
Der hat geläugnet bis zuletzt.«
»Schiffbrüchig sei er hergeschwommen,«
Höhnt eine Alte: »Ei, wie kühn!
Doch Keiner sprach zu seinem Frommen,
Die ganze Bande gegen ihn.«

Der Passagier, am Galgen stehend,
Hohläugig, mit zerbrochnem Mut,
Zu jedem Räuber flüstert flehend:
»Was tat dir mein unschuldig Blut?
Barmherzigkeit! – so muß ich sterben
Durch des Gesindels Lügenwort,
O, mög' die Seele euch verderben!«
Da zieht ihn schon der Scherge fort.

Er sieht die Menge wogend spalten –
Er hört das Summen im Gewühl –
Nun weiß er, daß des Himmels Walten
Nur seiner Pfaffen Gaukelspiel!
Und als er in des Hohnes Stolze
Will starren nach den Ätherhöhn,
Da liest er an des Galgens Holze:
»Batavia. Fünfhundert Zehn.«

Der Haidemann*

»Geht, Kinder, nicht zu weit in's Bruch,
Die Sonne sinkt, schon surrt den Flug
Die Biene matter, schlafgehemmt,
Am Grunde schwimmt ein blasses Tuch,
Der Haidemann kömmt! –«

Die Knaben spielen fort am Raine,
Sie rupfen Gräser, schnellen Steine,
Sie plätschern in des Teiches Rinne,
Erhaschen die Phalän' am Ried,
Und freu'n sich, wenn die Wasserspinne
Langbeinig in die Binsen flieht.

»Ihr Kinder, legt euch nicht in's Gras,
Seht, wo noch grad' die Biene saß,
Wie weißer Rauch die Glocken füllt.
Scheu aus dem Busche glotzt der Haas,
Der Haidemann schwillt! –«

Kaum hebt ihr schweres Haupt die Schmehle
Noch aus dem Dunst, in seine Höhle
Schiebt sich der Käfer und am Halme
Die träge Motte höher kreucht,
Sich flüchtend vor dem feuchten Qualme,
Der unter ihre Flügel steigt.

»Ihr Kinder, haltet euch bei Haus,
Lauft ja nicht in das Bruch hinaus;
Seht, wie bereits der Dorn ergraut,
Die Drossel ächzt zum Nest hinaus,
Der Haidemann braut! –«

Man sieht des Hirten Pfeife glimmen,
Und vor ihm her die Heerde schwimmen,
Wie Proteus seine Robbenschaaren
Heimschwemmt im grauen Ozean.
Am Dach die Schwalben zwitschernd fahren
Und melancholisch kräht der Hahn.

»Ihr Kinder, bleibt am Hofe dicht,
Seht, wie die feuchte Nebelschicht
Schon an des Pförtchens Klinke reicht;
Am Grunde schwimmt ein falsches Licht,
Der Haidemann steigt! –«

Nun strecken nur der Föhren Wipfel
Noch aus dem Dunste grüne Gipfel,
Wie über'n Schnee Wacholderbüsche;
Ein leises Brodeln quillt im Moor,
Ein schwaches Schrillen, ein Gezische
Dringt aus der Niederung hervor.

»Ihr Kinder, kommt, kommt schnell herein,
Das Irrlicht zündet seinen Schein,
Die Kröte schwillt, die Schlang im Ried;
Jetzt ist's unheimlich draußen sein,
Der Haidemann zieht! –«

Nun sinkt die letzte Nadel, rauchend
Zergeht die Fichte, langsam tauchend
Steigt Nebelschemen aus dem Moore,
Mit Hünenschritten gleitet's fort;
Ein irres Leuchten zuckt im Rohre,
Der Krötenchor beginnt am Bord.

Und plötzlich scheint ein schwaches Glühen
Des Hünen Glieder zu durchziehen;
Es siedet auf, es färbt die Wellen,
Der Nord, der Nord entzündet sich –
Glutpfeile, Feuerspeere schnellen,
Der Horizont ein Lavastrich!

»Gott gnad' uns! wie es zuckt und dräut,
Wie's schwehlet an der Dünenscheid'! –
Ihr Kinder, faltet eure Händ',
Das bringt uns Pest und teure Zeit –
Der Haidemann brennt! –«

* Hier nicht das bekannte Gespenst, sondern die Nebelschicht, die sich zur Herbst- und Frühlingszeit abends über den Heidegrund legt.

Die junge Mutter

Im grün verhangnen duftigen Gemach,
Auf weißen Kissen liegt die junge Mutter;
Wie brennt die Stirn! sie hebt das Auge schwach
Zum Bauer, wo die Nachtigall das Futter
Den nackten Jungen reicht: »mein armes Tier,«
So flüstert sie, »und bist du auch gefangen
Gleich mir, wenn draußen Lenz und Sonne prangen,
So hast du deine Kleinen doch bei dir.«

Den Vorhang hebt die graue Wärterin,
Und legt den Finger mahnend auf die Lippen;
Die Kranke dreht das schwere Auge hin,
Gefällig will sie von dem Tranke nippen;
Er mundet schon, und ihre bleiche Hand
Faßt fester den Kristall, – o milde Labe! –
»Elisabet, was macht mein kleiner Knabe?«
»Er schläft,« versetzt die Alte abgewandt.

Wie mag er zierlich liegen! – Kleines Ding! –
Und selig lächelnd sinkt sie in die Kissen;
Ob man den Schleier um die Wiege hing,
Den Schleier, der am Erntefest zerrissen?
Man sieht es kaum, sie flickte ihn so nett,
Daß alle Frauen höchlich es gepriesen,
Und eine Ranke ließ sie drüber sprießen.
»Was leutet man im Dom, Elisabet?«

»Madame, wir haben heut Mariatag.«
So hoch im Mond? sie kann sich nicht besinnen. –
Wie war es nur? – doch ihr Gehirn ist schwach,
Und leise suchend zieht sie aus den Linnen
Ein Häubchen, in dem Strahle kümmerlich
Läßt sie den Faden in die Nadel gleiten;
So ganz verborgen will sie es bereiten,
Und leise, leise zieht sie Stich um Stich.

Da öffnet knarrend sich die Kammertür,
Vorsicht'ge Schritte über'n Teppich schleichen.
»Ich schlafe nicht, Rainer, komm her, komm hier!
Wann wird man endlich mir den Knaben reichen?«
Der Gatte blickt verstohlen himmelwärts,
Küßt wie ein Hauch die kleinen heißen Hände:
»Geduld, Geduld, mein Liebchen, bis zum Ende!
Du bist noch gar zu leidend, gutes Herz.«

»Du duftest Weihrauch, Mann.« – »Ich war im Dom;
Schlaf, Kind«; und wieder gleitet er von dannen.
Sie aber näht, und liebliches Phantom
Spielt um ihr Aug' von Auen, Blumen, Tannen. –
Ach, wenn du wieder siehst die grüne Au,
Siehst über einem kleinen Hügel schwanken
Den Tannenzweig und Blumen drüber ranken,
Dann tröste Gott dich, arme junge Frau!

Die beschränkte Frau

Ein Krämer hatte eine Frau,
Die war ihm schier zu sanft und milde,
Ihr Haar zu licht, ihr Aug' zu blau,
Zu gleich ihr Blick dem Mondenschilde;
Wenn er sie sah so still und sacht
Im Hause gleiten wie ein Schemen,
Dann faßt es ihn wie böse Macht,
Er mußte sich zusammen nehmen.

Vor Allem macht ihm Ueberdruß
Ein Wort, das sie an Alles knüpfte,
Das freilich in der Rede Fluß
Gedankenlos dem Mund entschlüpfte:
»In Gottes Namen«, sprach sie dann,
Wenn schwere Prüfungsstunden kamen,
Und wenn zu Weine ging ihr Mann,
Dann sprach sie auch: »in Gottes Namen.«

Das schien ihm lächerlich und dumm,
Mitunter frevelhaft vermessen;
Oft schalt er und sie weinte drum,
Und hat es immer doch vergessen.
Gewöhnung war es früher Zeit
Und klösterlich verlebter Jugend;
So war es keine Sündlichkeit
Und war auch eben keine Tugend.

Ein Sprichwort sagt: wem gar nichts fehlt,
Den ärgert an der Wand die Fliege;
So hat dies Wort ihn mehr gequält,
Als Andre Hinterlist und Lüge.
Und sprach sie sanft: »es paßte schlecht!«
Durch Demut seinen Groll zu zähmen,
So schwur er, übel oder recht,
Werd' es ihn ärgern und beschämen.

Ein Blütenhaag war seine Lust.
Einst sah die Frau ihn sinnend stehen,
Und ganz versunken, unbewußt,
So Zweig an Zweig vom Strauche drehen;
»In Gottes Namen!« rief sie, »Mann,
Du ruinirst den ganzen Hagen!«
Der Gatte sah sie grimmig an,
Fürwahr, fast hätt' er sie geschlagen.

Doch wer da Unglück sucht und Reu,
Dem werden sie entgegen eilen;
Der Handel ist ein zart Gebäu,
Und ruht gar sehr auf fremden Säulen.
Ein Freund fallirt, ein Schuldner flieht,
Ein Gläub'ger will sich nicht gedulden,
Und eh ein halbes Jahr verzieht
Weiß unser Krämer sich in Schulden.

Die Gattin hat ihn oft gesehn
Gedankenvoll im Sande waten,
Am Contobuche seufzend stehn,
Und hat ihn endlich auch erraten;
Sie öffnet heimlich ihren Schrein,
Langt aus verborgner Fächer Grube,
Dann, leise wie der Mondenschein,
Schlüpft sie in ihres Mannes Stube.

Der saß, die schwere Stirn gestützt,
Und rauchte fort am kalten Rohre:
»Carl!« drang ein scheues Flüstern itzt,
Und wieder »Carl!« zu seinem Ohre;
Sie stand vor ihm, wie Blut so rot,
Als gält' es eine Schuld gestehen.
»Carl«, sprach sie, »wenn uns Unheil droht,
Ist's denn unmöglich, ihm entgehen?«

Drauf reicht sie aus der Schürze dar
Ein Säckchen, stramm und schwer zu tragen,
Drin Alles was sie achtzehn Jahr
Erspart am eigenen Behagen.
Er sah sie an mit raschem Blick,
Und zählte, zählte nun auf's Neue,
Dann sprach er seufzend: »mein Geschick
Ist zu verwirrt, – dies langt wie Spreue!«

Sie bot ein Blatt, und wandt' sich um,
Erzitternd, glüh gleich der Granate;
Es war ihr kleines Eigentum,
Das Erbteil einer frommen Pate.
»Nein«, sprach der Mann, »das soll nicht sein!«
Und klopfte freundlich ihre Wangen.
Dann warf er einen Blick hinein
Und sagte dumpf: »schier möcht' es langen.«

Nun nahm sie, aus der Schürze Grund,
All ihre armen Herrlichkeiten,
Teelöffelchen, Dukaten rund,
Was ihr geschenkt von Kindeszeiten.
Sie gab es mit so freud'gem Zug!
Doch war's als ob ihr Mund sich regte,
Als sie zuletzt auf's Kontobuch
Der sel'gen Mutter Trauring legte.

»Fast langt es«, sprach gerührt der Mann,
»Und dennoch kann es schmählich enden;
Willst du dein Leben dann fortan,
Geplündert, fristen mit den Händen?«
Sie sah ihn an, – nur Liebe weiß
An liebem Blicke so zu hangen –
»In Gottes Namen!« sprach sie leis,
Und weinend hielt er sie umfangen.

Am letzten Tage des Jahres
(Silvester)

Das Jahr geht um,
Der Faden rollt sich sausend ab.
Ein Stündchen noch, das letzte heut,
Und stäubend rieselt in sein Grab,
Was einstens war lebend'ge Zeit.
Ich harre stumm.

'S ist tiefe Nacht!
Ob wohl ein Auge offen noch?
In diesen Mauern rüttelt dein
Verrinnen, Zeit! Mir schaudert; doch
Es will die letzte Stunde sein
Einsam durchwacht,

Gesehen all,
Was ich begangen und gedacht;
Was mir aus Haupt und Herzen stieg,
Das steht nun eine ernste Wacht
Am Himmelstor. O halber Sieg!
O schwerer Fall!

Wie reißt der Wind
Am Fensterkreuze! Ja es will
Auf Sturmesfittiche das Jahr
Zerstäuben, nicht ein Schatten still
Verhauchen unterm Sternenklar.
Du Sündenkind!

War nicht ein hohl
Und heimlich Sausen jeder Tag
In deiner wüsten Brust Verließ,
Wo langsam Stein an Stein zerbrach,
Wenn es den kalten Odem stieß
Vom starren Pol?

Mein Lämpchen will
Verlöschen, und begierig saugt
Der Docht den letzten Tropfen Öl.
Ist so mein Leben auch verraucht?
Eröffnet sich des Grabes Höhl
Mir schwarz und still?

Wohl in dem Kreis,
Den dieses Jahres Lauf umzieht,
Mein Leben bricht. Ich wußt es lang,
Und dennoch hat dies Herz geglüht
In eitler Leidenschaften Drang.
Mir brüht der Schweiß

Der tiefsten Angst
Auf Stirn und Hand. Wie! dämmert feucht
Ein Stern dort durch die Wolken nicht?
Wär' es der Liebe Stern vielleicht,
Dir zürnend mit dem trüben Licht,
Daß du so bangst?

Horch, welch Gesumm?
Und wieder? Sterbemelodie!
Die Glocke regt den ehrnen Mund.
O Herr, ich falle auf das Knie:
Sei gnädig meiner letzten Stund'!
Das Jahr ist um!

Der Tod des Erzbischofs
Engelbert von Köln

I

Der Anger dampft, es kocht die Ruhr,
Im scharfen Ost die Halme pfeifen,
Da trabt es sachte durch die Flur,
Da taucht es auf wie Nebelstreifen,
Da nieder rauscht es in den Fluß,
Und stemmend gen der Wellen Guß
Es fliegt der Bug, die Hufe greifen.

Ein Schnauben noch, ein Satz, und frei
Das Roß schwingt seine nassen Flanken,
Und wieder eins, und wieder zwei,
Bis fünf und zwanzig stehn wie Schranken:
Voran, voran durch Heid und Wald,
Und wo sich wüst das Dickicht ballt,
Da brechen knisternd sie die Ranken.

Am Eichenstamm, im Überwind,
Um einen Ast den Arm geschlungen,
Der Isenburger steht und sinnt
Und naget an Erinnerungen.
Ob er vernimmt, was durch's Gezweig
Ihm Rinkerad, der Ritter bleich,
Raunt leise wie mit Vögelzungen?

»Graf«, flüstert es, »Graf haltet dicht,
Mich dünkt, als woll' es Euch betören;
Bei Christi Blute, laßt uns nicht
Heim wie gepeitschte Hunde kehren!
Wer hat gefesselt eure Hand,
Den freien Stegreif Euch verrannt?« –
Der Isenburg scheint nicht zu hören.

»Graf«, flüstert es, »wer war der Mann,
Dem zu dem Kreuz die Rose* paßte?
Wer machte Euren Schwäher dann

In seinem eignen Land zum Gaste?
Und, Graf, wer höhnte euer Recht,
Wer stempelt Euch zum Pfaffenknecht?« –
Der Isenburg biegt an dem Aste.

»Und wer, wer hat euch zuerkannt,
Im härnen Sünderhemd zu stehen,
Die Schandekerz' in eurer Hand,
Und alte Vetteln anzuflehen
Um Kyrie und Litanei!?« –
Da krachend bricht der Ast entzwei
Und wirbelt in des Sturmes Wehen.

Spricht Isenburg: »mein guter Fant,
Und meinst du denn ich sei begraben?
O laß mich nur in meiner Hand –
Doch ruhig, still, ich höre traben!«
Sie stehen lauschend, vorgebeugt;
Durch das Gezweig der Helmbusch steigt
Und flattert drüber gleich dem Raben.

II

Wie dämmerschaurig ist der Wald
An neblichten Novembertagen,
Wie wunderlich die Wildnis hallt
Von Astgestöhn und Windesklagen!
»Horch, Knabe, war das Waffenklang?« –
»Nein, gnäd'ger Herr! ein Vogel sang,
Von Sturmesflügeln hergetragen.« –

Fort trabt der mächtige Prälat,
Der kühne Erzbischof von Köllen,
Er, den der Kaiser sich zum Rat
Und Reichsverweser mochte stellen,
Die ehrne Hand der Clerisei, –
Zwei Edelknaben, Reis'ger zwei,
Und noch drei Äbte als Gesellen.

Gelassen trabt er fort, im Traum
Von eines Wunderdomes Schöne,
Auf seines Rosses Hals den Zaum,
Er streicht ihm sanft die dichte Mähne,
Die Windesodem senkt und schwellt; –
Es schaudert, wenn ein Tropfen fällt
Von Ast und Laub, des Nebels Träne.

Schon schwindelnd steigt das Kirchenschiff,
Schon bilden sich die krausen Zacken –
Da, horch, ein Pfiff und hui, ein Griff,
Ein Helmbusch hier, ein Arm im Nacken!
Wie Schwarzwildrudel bricht's heran,
Die Äbte fliehn wie Spreu, und dann
Mit Reisigen sich Reis'ge packen.

Ha, schnöder Straus! zwei gegen zehn!
Doch hat der Fürst sich losgerungen,
Er peitscht sein Tier und mit Gestöhn
Hat's über'n Hohlweg sich geschwungen;
Die Gerte pfeift – »Weh, Rinkerad!« –
Vom Rosse gleitet der Prälat
Und ist in's Dickicht dann gedrungen.

»Hussah, hussah, erschlagt den Hund,
Den stolzen Hund!« und eine Meute
Fährt's in den Wald, es schließt ein Rund,
Dann vor – und rückwärts und zur Seite;
Die Zweige krachen – ha es naht –
Am Buchenstamm steht der Prälat
Wie ein gestellter Eber heute.

Er blickt verzweifelnd auf sein Schwert,
Er löst die kurze breite Klinge,
Dann prüfend unter'n Mantel fährt
Die Linke nach dem Panzerringe;
Und nun wohlan, er ist bereit,
Ja männlich focht der Priester heut,
Sein Streich war eine Flammenschwinge.

Das schwirrt und klingelt durch den Wald,
Die Blätter stäuben von den Eichen,
Und über Arm und Schädel bald
Blutrote Rinnen tröpfeln, schleichen;
Entwaffnet der Prälat noch ringt,
Der starke Mann, da zischend dringt
Ein falscher Dolch ihm in die Weichen.

Ruft Isenburg: »Es ist genug,
Es ist zuviel!« und greift die Zügel;
Noch sah er wie ein Knecht ihn schlug,
Und riß den Wicht am Haar vom Bügel.
»Es ist zuviel, hinweg, geschwind!«
Fort sind sie, und ein Wirbelwind
Fegt ihnen nach wie Eulenflügel. – –

Des Sturmes Odem ist vertauscht,
Die Tropfen glänzen an dem Laube,
Und über Blutes Lachen lauscht
Aus hohem Loch des Spechtes Haube;
Was knistert nieder von der Höh'
Und schleppt sich wie ein krankes Reh?
Ach armer Knabe, wunde Taube!

»Mein gnädiger, mein lieber Herr,
So mußten dich die Mörder packen?
Mein frommer, o mein Heiliger!«
Das Tüchlein zerrt er sich vom Nacken,
Er drückt es auf die Wunde dort,
Und hier und drüben, immerfort,
Ach, Wund' an Wund' und blut'ge Zacken!

»Ho, hollah ho!« – dann beugt er sich
Und späht, ob noch der Odem rege;
War's nicht als wenn ein Seufzer schlich,
Als wenn ein Finger sich bewege? –
»Ho, hollah ho!« – »Halloh, hoho!«
Schallt's wiederum, des war er froh:
»Sind unsre Reiter allewege!«

III

Zu Köln am Rheine kniet ein Weib
Am Rabensteine unter'm Rade,
Und überm Rade liegt ein Leib,
An dem sich weiden Kräh' und Made;
Zerbrochen ist sein Wappenschild,
Mit Trümmern seine Burg gefüllt,
Die Seele steht bei Gottes Gnade.

Den Leib des Fürsten hüllt der Rauch
Von Ampeln und von Weihrauchschwehlen –
Um seinen qualmt der Moderhauch
Und Hagel peitscht der Rippen Höhlen;
Im Dome steigt ein Trauerchor,
Und ein Tedeum stieg empor
Bei seiner Qual aus tausend Kehlen.

Und wenn das Rad der Bürger sieht,
Dann läßt er rasch sein Rößlein traben,
Doch eine bleiche Frau die kniet,
Und scheucht mit ihrem Tuch die Raben:
Um sie mied er die Schlinge nicht,
Er war ihr Held, er war ihr Licht –
Und ach, der Vater ihrer Knaben!

Das Hirtenfeuer

Dunkel, Dunkel im Moor,
Über der Haide Nacht,
Nur das rieselnde Rohr
Neben der Mühle wacht,
Und an des Rades Speichen
Schwellende Tropfen schleichen.

Unke kauert im Sumpf,
Igel im Grase duckt,
In dem modernden Stumpf
Schlafend die Kröte zuckt,
Und am sandigen Hange
Rollt sich fester die Schlange.

Was glimmt dort hinterm Ginster,
Und bildet lichte Scheiben?
Nun wirft es Funkenflinster,
Die löschend niederstäuben;
Nun wieder alles dunkel –
Ich hör des Stahles Picken,
Ein Knistern, ein Gefunkel –
Und auf die Flammen zücken.

Und Hirtenbuben hocken
Im Kreis' umher, sie strecken
Die Hände, Torfes Brocken
Seh ich die Lohe lecken;
Da bricht ein starker Knabe
Aus des Gestrippes Windel,
Und schleifet nach im Trabe
Ein wüst Wacholderbündel.

Er läßt's am Feuer kippen –
Hei, wie die Buben johlen,
Und mit den Fingern schnippen
Die Funken-Girandolen!

Wie ihre Zipfelmützen
Am Ohre lustig flattern,
Und wie die Nadeln spritzen,
Und wie die Äste knattern!

Die Flamme sinkt, sie hocken
Auf's Neu' umher im Kreise,
Und wieder fliegen Brocken,
Und wieder schwehlt es leise;
Glührote Lichter streichen
An Haarbusch und Gesichte,
Und schier Dämonen gleichen
Die kleinen Haidewichte.

Der da, der Unbeschuh'te,
Was streckt er in das Dunkel
Den Arm wie eine Rute,
Im Kreise welch' Gemunkel?
Sie spähn wie junge Geier
Von ihrer Ginsterschütte:
Hah, noch ein Hirtenfeuer,
Recht an des Dammes Mitte!

Man sieht es eben steigen
Und seine Schimmer breiten,
Den wirren Funkenreigen
Über'n Wacholder gleiten;
Die Buben flüstern leise,
Sie räuspern ihre Kehlen,
Und alte Haideweise
Verzittert durch die Schmehlen.

»Helo, heloe!
Heloe, loe!
Komm du auf uns're Heide,
Wo ich meine Schäflein weide,
Komm, o komm in unser Bruch,
Da gibt's der Blümelein genug, –
Helo, heloe!«

Die Knaben schweigen, lauschen nach dem Tann,
Und leise durch den Ginster zieht's heran:

Gegenstrophe:
»Helo, heloe!
Ich sitze auf dem Walle,
Meine Schäflein schlafen alle,
Komm, o komm in unsern Kamp,
Da wächst das Gras wie Brahm so lang! –
Helo, heloe!
Heloe, loe!«

Geliebte, wenn mein Geist geschieden,
So weint mir keine Träne nach,
Denn, wo ich weile, dort ist Frieden,
Dort leuchtet mir ein ew'ger Tag!

Wo aller Erdengram verschwunden,
Soll Euer Bild mir nicht vergehn,
Und Linderung für Eure Wunden,
Für Euern Schmerz will ich erflehn.

Weht nächtlich seine Seraphsflügel
Der Friede über's Weltenreich,
So denkt nicht mehr an meinen Hügel,
Denn von den Sternen grüß ich Euch!

Die tote Lerche

Ich stand an deines Landes Grenzen,
An deinem grünen Saatenwald,
Und auf des ersten Strahles Glänzen
Ist dein Gesang herabgewallt;
Der Sonne schwirrtest du entgegen,
Wie eine Mücke nach dem Licht,
Dein Lied war wie ein Blütenregen,
Dein Flügelschlag wie ein Gedicht.

Da war es mir, als müsse ringen
Ich selber nach dem jungen Tag,
Als horch' ich meinem eignen Singen,
Und meinem eignen Flügelschlag;
Die Sonne sprühte glühe Funken,
In Flammen brannte mein Gesicht,
Ich selber taumelte wie trunken,
Wie eine Mücke nach dem Licht!

Da plötzlich sank und sank es nieder,
Gleich todter Kohle in die Saat;
Noch zucken sah ich kleine Glieder,
Und bin erschrocken dann genaht.
Dein letztes Lied, es war verklungen,
Du lagst ein armer, kalter Rest,
Am Strahl verflattert und versungen,
Bei deinem halbgebauten Nest.

Ich möchte Tränen um dich weinen
Wie sie das Weh vom Herzen drängt;
Denn auch mein Leben wird verscheinen,
Ich fühl's, versungen und versengt.
Dann du mein Leib, ihr armen Reste,
Dann nur ein Grab auf grüner Flur
Und nah nur, nah bei meinem Neste,
In meiner stillen Heimat nur!

Kinder am Ufer

O sieh doch! siehst du nicht die Blumenwolke
Da drüben in dem tiefsten Weiherkolke?
O! das ist schön! Hätt' ich nur einen Stecken,
Schmalzweiße Kelch' mit dunkelroten Flecken,
Und jede Glocke ist frisirt so fein
Wie unser wächsern Engelchen im Schrein.
Was meinst du, schneid' ich einen Haselstab,
Und wat' ein wenig in die Furt hinab?
Pah! Frösch' und Hechte können mich nicht schrecken. –
Allein, ob nicht vielleicht der Wassermann
Dort in den langen Kräutern hocken kann?
Ich geh, ich gehe schon – ich gehe nicht –
Mich dünkt, ich sah am Grunde ein Gesicht –
Komm lass' uns lieber heim, die Sonne sticht!

Gethsemane

Als Christus lag im Hain Gethsemane
Auf seinem Antlitz mit geschloßnen Augen, –
– Die Lüfte schienen Seufzer nur zu saugen,
Und eine Quelle murmelte ihr Weh,
Des Mondes blasse Scheibe widerscheinend, –
Das war die Stunde, wo ein Engel, weinend
Von Gottes Throne ward herabgesandt,
Den bittern Leidenskelch in seiner Hand.

Und vor dem Heiland stieg das Kreuz empor;
Daran sah seinen eignen Leib er hangen,
Zerrissen, ausgespannt, wie Stricke drangen
Die Sehnen an den Gliedern ihm hervor.
Die Nägel sah er ragen und die Krone
Auf seinem Haupte, wo an jedem Dorn
Ein Blutestropfen hing, und wie im Zorn
Murrte der Donner mit verhaltnem Tone;

Ein Tröpfeln hört' er, und am Stamme leis
Herniederglitt ein Wimmern, qualverloren.
Da seufzte Christus, und aus allen Poren
Drang ihm der Schweiß.

Und dunkel ward die Nacht, im grauen Meer
Schwamm eine tote Sonne, kaum zu schauen
War noch des dorngekrönten Hauptes Grauen,
Im Todeskampfe schwankend hin und her.
Am Kreuzesfuße lagen drei Gestalten,
Er sah sie grau wie Nebelwolken liegen,
Eer hörte ihres schweren Odems Fliegen,
Vor Zittern rauschten ihrer Kleider Falten.
O, welches Lieben war wie seines heiß?
Er kannte sie, er hat sie wohl erkannt,
Das Menschenherz in seiner Brust gebrannt,
Und stärker quoll der Schweiß.

Die Sonnenleiche schwand, – nur schwarzer Rauch,
Und drin versunken Kreuz und Seufzerhauch –
Ein Schweigen, grauser als des Sturmes Toben,
Schwamm durch des Raumes sternenleere Gassen;
Kein Lebenshauch auf weiter Erde mehr,
Ringsum ein Krater, ausgebrannt und leer,
Und eine hohle Stimme rief von oben:
»Mein Gott, mein Gott, wie hast du mich verlassen!«
Da weinte Christus mit gebrochnem Mute:
»Herr, ist es möglich, so laß diese Stunde
An mir vorübergehn!«

Ein Blitz durchfuhr die Nacht; im Lichte schwamm
Das Kreuz, erstrahlend mit den Marterzeichen,
Und Millionen Hände sah er reichen
Sich angstvoll klammernd um den blut'gen Stamm,
O Händ' und Händchen aus den fernsten Zonen!
Und um die Krone schwebten Millionen
Noch ungeborner Seelen, Funken gleichend;
Ein leiser Nebelhauch, dem Grund entschleichend,

Drang aus den Gräbern der Verstorbnen Flehn.
Da hob sich Christus in der Liebe Fülle,
Und: »Vater, Vater,« rief er, »nicht mein Wille,
Der deine mag geschehn!«

Still schwamm der Mond im Blau, ein Lilienstengel
Stand vor dem Heiland im betauten Grün,
Und aus dem Lilienkelche trat der Engel
Und stärkte ihn.

Die Unbesungenen

'S gibt Gräber wo die Klage schweigt,
Und nur das Herz von innen blutet,
Kein Tropfen in die Wimper steigt,
Und doch die Lava drinnen flutet;
'S gibt Gräber, die wie Wetternacht
An unserm Horizonte stehn
Und alles Leben niederhalten,
Und doch, wenn Abendrot erwacht,
Mit ihren goldnen Flügeln wehn
Wie milde Seraphimgestalten.

Zu heilig sind sie für das Lied,
Und mächtge Redner doch vor Allen,
Sie nennen dir was nimmer schied,
Was nie und nimmer kann zerfallen;
O, wenn dich Zweifel drückt herab,
Und möchtest atmen Ätherluft,
Und möchtest schauen Seraphsflügel,
Dann tritt an deines Vaters Grab!
Dann tritt an deines Bruders Gruft!
Dann tritt an deines Kindes Hügel!

Der Geierpfiff

»Nun still! – Du an den Dohnenschlag!
Du links in den gespaltnen Baum!
Und hier der faule Fetzer mag
Sich lagern an der Klippe Saum:
Da seht fein offen über's Land
Die Kutsche ihr heran spazieren:
Und Rieder dort, der Höllenbrand,
Mag in den Steinbruch sich postieren!

Dann aufgepaßt mit Aug' und Ohr,
Und bei dem ersten Räderhall
Den Eulenschrei! und tritt hervor
Die Fracht, dann wiederholt den Schall:
Doch naht Gefahr – Patrouillen gehn –
Seht ihr die Landdragoner streifen,
Dann dreimal, wie von Riffes Höhn,
Laßt ihr den Lämmergeier pfeifen.

Nun, Rieder, noch ein Wort zu dir!
Mit Recht heißt du der Höllenbrand;
Kein Stückchen – ich verbitt' es mir –
Wie neulich mit der kalten Hand!«
Der Hauptmann spricht es; durch den Kreis
Ein Rauschen geht und feines Schwirren,
Als sie die Büchsen schultern leis
Und in den Gurt die Messer klirren.

Seltsamer Troß! hier Riesenbau
Und hiebgespaltnes Angesicht,
Und dort ein Bübchen wie 'ne Frau,
Ein zierliches Spelunkenlicht;
Der drüben an dem Scheitelhaar
So sachte streift den blanken Fänger,
Schaut aus den blauen Augen gar
Wie ein verarmter Minnesänger.

'S ist lichter Tag! die Bande scheut
Vor keiner Stunde – Alles gleich;
Es ist die rote Bande, weit
Verschrien, gefürchtet in dem Reich;
Das Knäbchen kauert unter'm Stier
Und betet, raschelt es im Walde;
Und manches Weib verschließt die Tür,
Schreit nur ein Kuckuck an der Halde.

Die Posten haben sich zerstreut,
Und in die Hütte schlüpft der Troß –
Wildhüters Obdach, zu der Zeit,
Als jene Trümmer war'n ein Schloß;
Wie Ritter vor der Ahnengruft
Fühlt sich der Räuber stolz gehoben
Am Schutte, dran ein gleicher Schuft
Vor Jahren einst den Brand geschoben.

Und als der letzte Schritt verhallt,
Der letzte Zweig zurück gerauscht,
Da wird es einsam in dem Wald,
Wo über'm Ast die Sonne lauscht;
Und als es drinnen noch geklirrt
Und noch ein Weilchen sich geschoben,
Da still es in der Hütte wird,
Vom wilden Weingerank umwoben.

Der scheue Vogel setzt sich kühn
Auf's Dach und wiegt sein glänzend Haupt,
Und summend durch der Reben Grün
Die wilde Biene Honig raubt;
Nur leise wie der Hauch im Tann,
Wie Weste durch die Halme streifen,
Hört drinnen leise, leise man
Vorsichtig an den Messern schleifen.

Ja, lieblich ist des Berges Maid
In ihrer festen Glieder Pracht,
In ihrer blanken Fröhlichkeit,
In ihrer Zöpfe Rabennacht;
Siehst du sie brechen durch's Genist
Der Brombeerranken, frisch, gedrungen,
Du denkst, die Centifolie ist
Vor Übermut vom Stiel gesprungen.

Nun steht sie still und schaut sich um –
Allüberall nur Baum an Baum;
Ja, irre zieht im Walde um
Des Berges Maid und glaubt es kaum;
Noch zwei Minuten, wo sie sann,
Pulsieren ließ die heißen Glieder –
Behende wie ein Marder dann
Schlüpft keck sie in den Steinbruch nieder.

Am Eingang steht ein Felsenblock,
Wo das Geschiebe überhängt;
Der Efeu schüttelt sein Gelock,
Zur grünen Laube vorgedrängt,
Da unterm Dache lagert sie,
Behaglich lehnend an dem Steine,
Und denkt: ich sitze wahrlich wie
Ein Heil'genbildchen in dem Schreine!

Ihr ist so warm, der Zöpfe Paar
Sie löset mit der runden Hand,
Und nieder rauscht ihr schwarzes Haar
Wie Rabenfittiches Gewand.
Ei, denkt sie, bin ich doch allein!
Auf springt das Spangenpaar am Mieder;
Doch unbeweglich gleich dem Stein
Steht hinter'm Block der wilde Rieder.

Er sieht sie nicht, nur ihren Fuß,
Der tändelnd schaukelt wie ein Schiff,
Zuweilen treibt des Windes Gruß
Auch eine Locke um das Riff,

Doch ihres heißen Odems Zug,
Samumes Hauch, glaubt er zu fühlen;
Verlorne Laute, wie im Flug
Lockvögel, um das Ohr ihm spielen.

So weich die Luft und badewarm,
Berauschend Thymianes Duft;
Sie lehnt sich, dehnt sich, ihren Arm,
Den vollen, streckt sie aus der Kluft,
Schließt dann ihr glänzend Augenpaar –
Nicht schlafen, ruhn nur eine Stunde –
So dämmert sie, und die Gefahr
Wächst von Sekunde zu Sekunde.

Nun alles still – sie h a t gewacht –
Doch hinterm Steine wird's belebt,
Und seine Büchse sachte, sacht
Der Rieder von der Schulter hebt,
Lehnt an die Klippe ihren Lauf,
Dann lockert er der Messer Klingen,
Hebt nun den Fuß – was hält ihn auf?
Ein Schrei scheint aus der Luft zu dringen!

Ha, das Signal! – er ballt die Faust –
Und wiederum des Geiers Pfiff
Ihm schrillend in die Ohren saust –
Noch zögert knirschend er am Riff –
Zum dritten Mal – und sein Gewehr
Hat er gefaßt – hinan die Klippe!
Daß bröckelnd Kies und Sand umher
Nachkollern vor dem Steingerippe.

Und auch das Mädchen fährt empor:
»Ei, ist so locker das Gestein?«
Und langsam, gähnend tritt hervor
Sie aus dem falschen Heil'genschrein,
Hebt ihrer Augen feuchtes Glühn,
Will nach dem Sonnenstande schauen,
Da sieht sie einen G e i e r z i e h n
Mit einem Lamm in seinen Klauen.

Und schnell gefaßt, der Wildnis Kind,
Tritt sie entgegen seinem Flug:
Der kam daher, wo Menschen sind,
Das ist der Bergesmaid genug.
Doch still! war das nicht Stimmenton
Und Räderknarren? still! sie lauscht –
Und wirklich, durch die Nadeln schon
Die schwere Kutsche ächzt und rauscht.

»He, Mädchen!« ruft es aus dem Schlag,
Mit feinem Knicks tritt sie heran:
»Zeig uns zum Dorf die Wege nach,
Wir fuhren irre in dem Tann!« –
»Herr,« spricht sie lachend, »nehmt mich auf,
Auch ich bin irr' und führ' Euch doch.«
»Nun wohl, du schmuckes Kind, steig auf,
Nur frisch hinauf! du zögerst noch?«

»Herr, was ich weiß, ist nur gering,
Doch führt es euch zu Menschen hin,
Und das ist schon ein köstlich Ding
Im Wald, mit Räuberhorden drin:
Seht, einen Weih am Bergeskamm
Sah steigen ich aus jenen Gründen,
Der in den Fängen trug ein Lamm;
Dort muß sich eine Herde finden.« –

Am Abend steht des Forstes Held
Und flucht die Steine warm und kalt:
Der Wechsler freut sich, daß sein Geld
Er klug gesteuert durch den Wald:
Und nur die gute, franke Maid
Nicht ahnet in der Träume Walten,
Daß über sie so gnädig heut
Der Himmel seinen Schild gehalten. –

---

* Zu (dem Kreuz) Köln die Rose (das Wappen von) Berg, dessen Besitz
Engelbert dem Bruder Isenburgs Gemahlin vorenthielt.

Der Brief aus der Heimat

Sie saß am Fensterrand im Morgenlicht,
Und starrte in das aufgeschlagne Buch,
Die Zeilen zählte sie und wußt es nicht,
Ach weithin, weithin der Gedanken Flug!
Was sind so ängstlich ihre nächt'gen Träume?
Was scheint die Sonne durch so öde Räume?
– Auch heute kam kein Brief, auch heute nicht.

Seit Wochen weckte sie der Lampe Schein,
Hat bebend an der Stiege sie gelauscht;
Wenn plötzlich am Gemäuer knackt der Schrein,
Ein Fensterladen auf im Winde rauscht, –
Es kömmt, es naht, die Sorgen sind geendet:
Sie hat gefragt, sie hat sich abgewendet,
Und schloß sich dann in ihre Kammer ein.

Kein Lebenszeichen von der liebsten Hand,
Von jener, die sie sorglich hat gelenkt,
Als sie zum ersten Mal zu festem Stand
Die zarten Kinderfüßchen hat gesenkt;
Versprengter Tropfen von der Quelle Rande,
Harrt sie vergebens in dem fremden Lande;
Die Tage schleichen hin, die Woche schwand.

Was ihre rege Phantasie geweckt?
Ach, Eine Leiche sah die Heimat schon,
Seit sie den unbedachten Fuß gestreckt
Auf fremden Grund und hörte fremden Ton;
Sie küßte scheidend jung' und frische Wangen,
Die jetzt von tiefer Grabesnacht umfangen;
Ist's Wunder, daß sie tödtlich aufgeschreckt?

In Träumen steigt das Krankenbett empor,
Und Züge dämmern, wie in halber Nacht;
Wer ist's? – sie weiß es nicht und spannt das Ohr,
Sie horcht mit ihrer ganzen Seele Macht;

Dann fährt sie plötzlich auf beim Windesrauschen,
Und glaubt dem matten Stöhnen noch zu lauschen,
Und kann erst spät begreifen daß sie wacht.

Doch sieh, dort fliegt sie über'n glatten Flur,
Ihr aufgelöstes Haar umfließt sie rund,
Und zitternd ruft sie, mit des Weinens Spur:
»Ein Brief, ein Brief, die Mutter ist gesund!«
Und ihre Tränen stürzen wie zwei Quellen,
Die übervoll aus ihren Ufern schwellen;
Ach, eine Mutter hat man einmal nur!

An meine Mutter

So gern hätt' ich ein schönes Lied gemacht
Von deiner Liebe, deiner treuen Weise,
Die Gabe, die für Andre immer wacht,
Hätt' ich so gern geweckt zu deinem Preise.

Doch wie ich auch gesonnen mehr und mehr,
Und wie ich auch die Reime mochte stellen,
Des Herzens Fluten wallten drüber her,
Zerstörten mir des Liedes zarte Wellen.

So nimm die einfach schlichte Gabe hin,
Von einfach ungeschmücktem Wort getragen,
Und meine ganze Seele nimm darin:
Wo man am meisten fühlt, weiß man nicht viel zu sagen.

An Levin Schücking

Kein Wort, und wär es scharf wie Stahles Klinge,
Soll trennen, was in tausend Fäden Eins,
So mächtig kein Gedanke, daß er dringe
Vergällend in den Becher reinen Weins;
Das Leben ist so kurz, das Glück so selten,
So großes Kleinod, einmal sein statt gelten!

Hat das Geschick uns, wie in frevlem Witze,
Auf feindlich starre Pole gleich erhöht,
So wisse, dort, dort auf der Scheidung Spitze
Herrscht, König über alle, der Magnet,
Nicht fragt er, ob ihn Fels und Strom gefährde,
Ein Strahl fährt mitten er durchs Herz der Erde.

Blick in mein Auge, – ist es nicht das deine,
Ist nicht mein Zürnen selber deinem gleich?
Du lächelst und das Lächeln ist das meine,
An gleicher Lust und gleichem Sinnen reich;
Worüber alle Lippen freundlich scherzen,
Wir fühlen heil'ger es im eignen Herzen.

Pollux und Kastor, – wechselnd Glühn und Bleichen,
Des einen Licht geraubt dem andern nur,
Und doch der allerfrömmsten Treue Zeichen. –
So reiche mir die Hand, mein Dioskur!
Und mag erneuern sich die holde Mythe,
Wo überm Helm die Zwillingsflamme glühte.

Die Taxuswand

Ich stehe gern vor dir,
Du Fläche schwarz und rauh,
Du schartiges Visier
Vor meines Liebsten Brau',
Gern mag ich vor dir stehen,
Wie vor grundiertem Tuch,
Und drüber gleiten sehen
Den bleichen Krönungszug;

Als mein die Krone hier,
Von Händen die nun kalt;
Als man gesungen mir
In Weisen die nun alt;
Vorhang am Heiligtume,
Mein Paradiesestor,
Dahinter Alles Blume,
Und Alles Dorn davor.

Denn jenseits weiß ich sie,
Die grüne Gartenbank,
Wo ich das Leben früh
Mit glühen Lippen trank,
Als mich mein Haar umwallte
Noch golden wie ein Stral,
Als noch mein Ruf erschallte,
Ein Hornstoß, durch das Tal.

Das zarte Epheureis,
So Liebe pflegte dort,
Sechs Schritte, – und ich weiß,
Ich weiß dann, daß es fort.
So will ich immer schleichen
Nur an dein dunkles Tuch,
Und achtzehn Jahre streichen
Aus meinem Lebensbuch.

Du starrtest damals schon
So düster treu wie heut',
Du, unsrer Liebe Thron
Und Wächter manche Zeit;
Man sagt, daß Schlaf, ein schlimmer,
Dir aus den Nadeln raucht, –
Ach, wacher war ich nimmer,
Als rings von dir umhaucht!

Nun aber bin ich matt,
Und möcht an deinem Saum
Vergleiten, wie ein Blatt
Geweht vom nächsten Baum;
Du lockst mich wie ein Hafen,
Wo alle Stürme stumm,
O, schlafen möcht ich, schlafen,
Bis meine Zeit herum!

Luise Hensel
1798–1876

NACHTGEBET

Müde bin ich, geh zur Ruh,
Schließe beide Äuglein zu:
Vater, laß die Augen Dein
Über meinem Bette sein!

Hab' ich Unrecht heut getan,
Sieh es, lieber Gott, nicht an!
Deine Gnad' und Jesu Blut
Macht ja allen Schaden gut.

Alle, die mir sind verwandt,
Gott, laß ruhn in Deiner Hand!
Alle Menschen, groß und klein,
Sollen Dir befohlen sein.

Kranken Herzen sende Ruh',
Nasse Augen schließe zu!
Laß den Mond am Himmel stehn
Und die stille Welt besehn!

STILLES GOTTESLOB

Ach, hätt' ich Engelszungen,
Ich hätt' euch wohl gesungen
Das süße, liebe Lied,
Das mir so still und selig
Im jungen Herzen glüht.

Ich weiß ja keine Weisen,
Den Herren so zu preisen
Den Vater, treu und mild,
Wie meine ganze Seele
Ihm singt und jauchzt und spielt.

Ich muß mein Haupt ihm neigen,
Kann weinen nur und schweigen
In Seligkeit und Schmerz.
Ach, Kind, er weiß dein Lieben,
Er sieht dir ja ins Herz.

Jesus in der Heiligen Schrift

Immer muß ich wieder lesen
In dem alten, heil'gen Buch,
Wie der Herr so gut gewesen,
Ohne List und ohne Trug.

Wie er hieß die Kindlein kommen,
Liebend hat auf sie geblickt
Und in seinen Arm genommen
Und an seine Brust gedrückt.

Wie er helfendes Erbarmen
Allen Kranken gern bewies
Und die Niedern und die Armen
Seine lieben Brüder hieß.

Wie er keinem Sünder wehrte,
Der mit Reue zu ihm kam,
Wie er huldvoll ihn belehrte,
Ihm den Tod vom Herzen nahm.

Immer muß ich wieder lesen,
Les' und weine mich nicht satt,
Wie der Herr so treu gewesen,
Wie er uns geliebet hat.

Hat die Herde mild geleitet,
Die sein Vater ihm verliehn;
Hat die Arme ausgebreitet,
Alle an sein Herz zu ziehn.

Laß mich knien zu deinen Füßen,
Herr, die Liebe bricht mein Herz!
Laß in Tränen mich zerfließen,
Mich vergehn in Wonn' und Schmerz!

Guter Rat

Wenn dich Menschen kränken
Durch Verrat und Trug,
Sollst du fromm gedenken,
Was dein Herr ertrug.

Kommen trübe Tage,
Sieh allein auf Ihn;
Friedlich ohne Klage
Geh durch Dornen hin.

Wird dir's immer trüber,
Nagt dich inn'rer Schmerz:
Hab' Ihn immer lieber,
Drück' Ihn fest an's Herz.

Machen deine Sünden
Dir das Leben schwer:
Suche Ihn zu finden;
O, Er liebt dich sehr.

Quält dich heimlich Sehnen,
Unverstandnes Weh,
Sprich zu Ihm mit Tränen:
Herr, Dein Will' gescheh'.

Elisabeth Kulmann
1808–25

DER BLITZ

»Wer mag mit mir sich messen?« –
Ich! sprach die hohe Eiche,
Mit stolzem Wipfel rauschend. –
Dem Schoße schwarzer Wolken
Entspringt der Blitz, gleich einer
Ergrimmten Feuerschlange,
Und knickt die starke Eiche,
Wie einer Blume Stengel
Der unvorsicht'ge Knabe.

»Wer mag mit mir sich messen?« –
Ich! sprach der Turm, der goldne
Und weitgesehne Scheitel
Die wandernden Gewölke
Oft wie in Flor verhüllen. –
Ein ungeheurer Drache,
Reißt brüllend durch die Wolken
Der Blitz sich und hat, ehe
Du dich's versiehst, des Turmes
Trotzvolles Haupt verschlungen;
Es rinnen breite Streifen
Geschwärzten Goldes graunvoll
Längs seinen Mauern nieder.

»Mit mir kann nichts sich messen!«
Spricht er zuletzt und stürzt sich
Ein pfeilgeschwinder Taucher,
In's Meer, das ein Orlogschiff
Mit ausgespannten Segeln
Itzt eben stolz durchwallet.
Es brennt zwei Augenblicke,
Da fliegt in glüh'nden Trümmern
Mit fürchterlichem Knalle

Es in die Luft, es fallen
Die Trümmer dann zurücke
Ins Meer und gehen unter:
Es bleibt keine Spur nach
Von dem gewalt'gen Baue.

So bist du, Blitz, im Zorne
Und im Geleit des Bruders,
Des grausen Unsichtbaren,
Von dessen Tritten ringsum
Die weite Erd' erzittert.
Doch bist, o Blitz, nicht immer
Du furchtbar und verderbend.
In warmen Sommernächten
Sehn wir oft in der Ferne
Dich ohne Donner leuchten.
O welch ein hehres Schauspiel
Beut dann der Menschen Auge
Sich dar! So oft du leuchtest,
Glaub' ich, daß meinen Blicken
Der Himmel sich eröffne,
Ich glaube schon die Stufen
Von Gottes Thron zu schauen.
Ja, holder Blitz, nicht einmal
Kam mir schon der Gedanke,
Es sei das, was ich sehe,
Wohl das auf Augenblicke
Enthüllte Aug' der Gottheit.

Marie von Ebner-Eschenbach
1830–1916

Ein kleines Lied

Ein kleines Lied! Wie geht's nur an,
Daß man so lieb es haben kann,
Was liegt darin? erzähle!

Es liegt darin ein wenig Klang,
Ein wenig Wohllaut und Gesang
Und eine ganze Seele.

Das Schiff

Das eilende Schiff, es kommt durch die Wogen
Wie Sturmwind geflogen.

Voll Jubel ertönt's vom Mast und vom Kiele:
»Wir nahen dem Ziele.«

Der Fährmann am Steuer spricht traurig und leise:
»Wir segeln im Kreise.«

Freundeslob und Feindestadel
Sind von zweifelhaftem Adel.

Verständnis für jedwedes Leid,
Erbarmen mild mit jedem Fehle;
Daran in dieser Zeitlichkeit
Erkennst du die erwählte Seele.

Isolde Kurz
1853–1944

Wegwarte

Mit nackten Füßchen am Wegesrand,
Die Augen still ins Weite gewandt,
Saht ihr bei Ginster und Heide
Das Mädchen im blauen Kleide?

– Das Glück kommt nicht in mein armes Haus,
Drum stell' ich mich hier an den Weg heraus:
Und kommt es zu Pferde, zu Fuße,
Ich tret' ihm entgegen mit Gruße.

Es ziehen der Wanderer mancherlei
Zu Pferd, zu Fuß, zu Wagen vorbei.
– Habt ihr das Glück nicht gesehen?
Die lassen sie lachend stehen.

Der Weg wird stille, der Weg wird leer.
– So kommt denn heute das Glück nicht mehr.
Die Sonne geht rötlich nieder,
Ihr starren im Wind die Glieder.

Der Regen klatscht ihr ins Angesicht,
Sie steht noch immer, sie merkt es nicht:
– Vielleicht es ist schon gekommen,
Hat die andere Straße genommen.

Die Füßchen wurzeln am Boden ein,
Zu Blumen wurde der Augen Schein,
Sie fühlt's und fühlt's wie im Traume,
Sie wartet am Wegessaume.

Die erste Nacht

Jetzt kommt die Nacht, die erste Nacht im Grab.
O, wo ist aller Glanz, der dich umgab?
In kalter Erde ist dein Bett gemacht.
Wie wirst du schlummern diese Nacht?

Vom letzten Regen ist dein Kissen feucht,
Nachtvögel schrein, vom Wind emporgescheucht,
Kein Lämpchen brennt dir mehr, nur kalt und fahl
Spielt auf der Schlummerstatt der Mondenstrahl.

Die Stunden schleichen – schläfst du bis zum Tag?
Horchst du wie ich auf jeden Glockenschlag?
Wie kann ich ruhn und schlummern kurze Frist,
Wenn du, mein Lieb, so schlecht gebettet bist?

Alice von Gaudy
1863–1929

Gustav III. von Schweden auf dem Maskenball

Ein Spiegelsaal. Gelächter. Mummenschanz.
Ein Maskenspiel, bestrahlt von Kerzenglanz.
Gestalten bunt und keck und lebensfroh,
Im lustigen Geschmack des Rokoko.

Dort tritt ein Spanier stolzen Ganges ein.
Am Samtbarett flammt kostbares Gestein.
Er taucht ins Festgewoge, scherzt und neckt:
Der König ist´s, den dichte Larve deckt.

»Was willst du, Narr, der mich von hinnen zieht?«
Der Schellenträger flüstert: »König – flieht!
Man sinnt Verrat!« Schnell hüpft er klingelnd fort,
Der König, achselzuckend, lacht dem Wort.

»Schon wieder, Narr?« – »O, traut mir, Majestät,
Verlaßt den Saal. Jetzt. Gleich. Bald ist's zu spät.« –
»Hör, Freund, wer Narren glaubte.« –
        »Keinen Spott!
Noch einmal: flieht! Den Warner sendet Gott.«

Der König mischt sich sorglos in den Schwarm,
Ein Sarazene greift nach seinem Arm.
Dort hängt ein Mohr sich an ihn dreist und bunt,
Unheimlich Flüstern geht von Mund zu Mund.

Er merkt es nicht. Doch enger wird der Kreis,
Der Masken Augen funkeln wild und heiß.
Sie drängen näher. Wie das stößt und zerrt …
Der Spanier weicht zur Tür. Sie ist versperrt.

Jetzt Johlen. Pfeifen. Wie ein Höllenheer
Umtanzt es ihn. Er atmet tief und schwer.
»Bon soir, beau masque!« Ein frecher Blick. Ein Knall.
Ein Aufschrei – übertönt von dumpfem Fall – –

Verlaßner Spiegelsaal. Erlöschend Licht.
Zertretne Blumen. Kalt und nüchtern bricht
Durch seidnen Vorhang erstes Morgenrot.
Gespenstig ragt auf leerem Thron – der Tod.

Ricarda Huch
1864–1947

WIEGENLIED

Horch, Kind, horch, wie der Sturmwind weht
Und rüttelt am Erker!
Wenn der Braunschweiger draußen steht,
Der faßt uns noch stärker.
Lerne beten, Kind, und falten fein die Händ',
Damit Gott den tollen Christian von uns wend'!

Schlaf, Kind, schlaf, es ist Schlafens Zeit,
Ist Zeit auch zum Sterben.
Bist du groß, wird dich weit und breit
Die Trommel anwerben.
Lauf ihr nach, mein Kind, hör deiner Mutter Rat;
Fällst du in der Schlacht, so würgt dich kein Soldat.

»Herr Soldat, tu mir nichts zu Leid,
Und laß mir mein Leben!«
»Herzog Christian führt uns zum Streit,
Kann kein Pardon geben.
Lassen muß der Bauer mir sein Gut und Hab,
Zahle nicht mit Geld, nur mit dem kühlen Grab.«

Schlaf, Kind, schlaf, werde stark und groß.
Die Jahre, sie rollen;
Folgst bald selber auf stolzem Roß
Herzog Christian dem Tollen.
Wie erschrickt der Pfaff' und wirft sich auf die Knie –
»Für den Bauer nicht Pardon, den Pfaffen aber nie!«

Still, Kind, still, wenn Herr Christian kommt,
Der lehrt dich zu schweigen!
Sei fein still, bis dir selber frommt
Ein Roß zu besteigen.
Sei fein still, dann bringt der Vater bald dir Brot,
Wenn nach Rauch der Wind nicht schmeckt, und nicht
                                       der Himmel rot.

Sehnsucht

Um bei dir zu sein,
Trüg' ich Not und Fährde.
Ließ' ich Freund und Haus
Und die Fülle der Erde.

Mich verlangt nach dir
Wie die Flut nach dem Strande,
Wie die Schwalbe im Herbst
Nach dem südlichen Lande,

Wie den Alpsohn heim,
Wenn er denkt, nachts alleine,
An die Berge voll Schnee
Im Mondenscheine.

Uralter Worte kundig kommt die Nacht;
Sie löst den Dingen Rüstung ab und Bande,
Sie wechselt die Gestalten und Gewande
Und hüllt den Streit in gleiche braune Tracht.

Da rührt das steinerne Gebirg sich sacht
Und schwillt wie Meer hinüber in die Lande.
Der Abgrund kriecht verlangend bis zum Rande
Und trinkt der Sterne hingebeugte Pracht.

Ich halte dich und bin von dir umschlossen,
Erschöpfte Wandrer wiederum zu Haus;
So fühl ich dich in Fleisch und Blut gegossen,

Von deinem Leib und Leben meins umkleidet.
Die Seele ruht von langer Sehnsucht aus,
Die eins vom andern nicht mehr unterscheidet.

Frieden

Von dem Turme im Dorfe klingt
Ein süßes Geläute;
Man sinnt, was es deute,
Daß die Glocke im Sturme nicht schwingt.
Mich dünkt, so hört' ich's als Kind;
Dann kamen die Jahre der Schande;
Nun trägt's in die Weite der Wind,
Daß Frieden im Lande.

Wo mein Vaterhaus fest einst stand,
Wächst wuchernde Heide;
Ich pflück', eh ich scheide,
Einen Zweig mir mit zitternder Hand.
Das ist von der Väter Gut
Mein einziges Erbe;
Nichts bleibt, wo mein Haupt sich ruht,
Bis einsam ich sterbe.

Meine Kinder verwehte der Krieg;
Wer bringt sie mir wieder?
Beim Klange der Lieder
Feiern Fürsten und Herren den Sieg.
Sie freun sich beim Friedensschmaus,
Die müß'gen Soldaten fluchen –
Ich ziehe am Stabe hinaus,
Mein Vaterland suchen.

Mein Herz, mein Löwe, hält seine Beute fest,
Sein Geliebtes fest in den Fängen,
Aber Gehaßtes gibt es auch,
Das er niemals entläßt
Bis zum letzten Hauch,
Was immer die Jahre verhängen.
Es gibt Namen, die beflecken
Die Lippen, die sie nennen,
Die Erde mag sie nicht decken,
Die Flamme mag sie nicht brennen.
Der Engel, gesandt, den Verbrecher
Mit der Gnade von Gott zu betauen,
Wendet sich ab voll Grauen
Und wird zum zischenden Rächer.
Und hätte Gott selbst so viel Huld,
Zu waschen die blutrote Schuld,
Bis der Schandfleck verblaßte, –
Mein Herz wird hassen, was es haßte,
Mein Herz hält fest seine Beute,
Daß keiner dran künstle und deute,
Daß kein Lügner schminke das Böse,
Verfluchtes vom Fluche löse.

Du kamst zu mir, mein Abgott, meine Schlange,
In dunkler Nacht, die um dich her erglühte.
Ich diente dir mit Liebesüberschwange
Und trank das Feuer, das dein Atem sprühte.
Du flohst, ich suchte lang in Finsternissen.
Da kannten mich die Götter und Dämonen
An jenem Glanze, den ich dir entrissen,
Und führten mich ins Licht, mit dir zu thronen.

Tief in den Himmel verklingt
Traurig der letzte Stern.
Noch eine Nachtigall singt
Fern – fern.
Geh schlafen, mein Herz, es ist Zeit.
Kühl weht die Ewigkeit.

Matt im Schoß liegt die Hand,
Einst so tapfer am Schwert.
War, wofür du entbrannt,
Kampfes wert?
Geh schlafen, mein Herz, es ist Zeit.
Kühl weht die Ewigkeit.

BESTIMMUNG

Was ist in deiner Seele,
Was ist in meiner Brust,
Daß ich mich dir befehle,
Daß du mich lieben mußt?
Vom Haus, wo ich gewohnt
Und zart behütet bin,
Ziehst du mich, wie der Mond,
Nachtwandelnd zu dir hin.

Wo hast du all die Schönheit hergenommen,
Du Liebesangesicht, du Wohlgestalt!
Um dich ist alle Welt zu kurz gekommen.
Weil du die Jugend hast, wird alles alt,
Weil du das Leben hast, muß alles sterben,
Weil du die Kraft hast, ist die Welt kein Hort,
Weil du vollkommen bist, ist sie ein Scherben,
Weil du der Himmel bist, gibt's keinen dort!

Erinnerung

Einmal vor manchem Jahre
War ich ein Baum am Bergesrand,
Und meine Birkenhaare
Kämmte der Mond mit weißer Hand.

Hoch überm Abgrund hing ich
Windebewegt auf schroffem Stein,
Tanzende Wolken fing ich
Mir als vergänglich Spielzeug ein.

Fühlte nichts im Gemüte
Weder von Wonne, noch von Leid,
Rauschte, verwelkte, blühte,
In meinem Schatten schlief die Zeit.

Leben

Hell strömt aus Schluchten der Vergangenheit
In unsre Becher, die wir schwärmend füllen,
Ambrosisch Blut, aus dessen Purpurhüllen
Verklärtes Leben funkelnd sich befreit:

Sehnsucht und Liebe, Tränen, Lächeln, Lust
Und Kampf und Fluch und siegende Gedanken
Der Toten, die wie wir den Festwein tranken,
Lenzlaub im Haare, unser nicht bewußt.

Und wir gewahren nicht, ins Heut versonnen,
Daß jeder Tropfen, den die Zeit ergießt,
Von unsrer Seele löst und so durchglutet
Herniederrinnt in einen dunklen Bronnen,
Der einst in andre Schalen überfließt
Berauschter Zecher, die der Tag umflutet.

Musik bewegt mich, daß ich dein gedenke,
So will auch Meer und Wolke, Berg und Stern,
Wie anderer Art als du, dir noch so fern,
Daß ich zu dir das Herz voll Andacht lenke.

Kein edles Bild, das nicht mein Auge zwinge
Von dir zu träumen, kein beseelter Reim,
Der nicht zu dir Erinnern führe heim –
Geschwister sind sich alle schönen Dinge.

Hoffnung

Hoffnung wiegt sich auf dem Aste
Meines Herzens; bleibe, raste
Noch ein Weilchen in der Laube
Meiner Brust, du wilde Taube!
Flügel, wie sein Rad der Pfau,
Spannt sie, hundertaugig, blau;
Duckt sich, schwingt sich auf: es wanken
Meines Herzens leichte Ranken.

Nicht alle Schmerzen

Nicht alle Schmerzen sind heilbar, denn manche schleichen
Sich tiefer und tiefer ins Herz hinein,
Und während Tage und Jahre verstreichen,
Werden sie Stein.

Du sprichst und lachst, wie wenn nichts wäre,
Sie scheinen zerronnen wie Schaum.
Doch du spürst ihre lastende Schwere
Bis in den Traum.

Der Frühling kommt wieder mit Wärme und Helle,
Die Welt wird ein Blütenmeer.
Aber in meinem Herzen ist eine Stelle,
Da blüht nichts mehr.

Else Lasker-Schüler
1869–1947

Ein alter Tibetteppich

Deine Seele, die die meine liebet,
Ist verwirkt mit ihr im Teppichtibet.

Strahl in Strahl, verliebte Farben,
Sterne, die sich himmellang umwarben.

Unsere Füße ruhen auf der Kostbarkeit,
Maschentausendabertausendweit.

Süßer Lamasohn auf Moschuspflanzenthron,
Wie lange küßt dein Mund den meinen wohl
Und Wang die Wange buntgeknüpfte Zeiten schon?

Weltende

Es ist ein Weinen in der Welt,
als ob der liebe Gott gestorben wär,
und der bleierne Schatten, der niederfällt,
lastet grabesschwer.

Komm, wir wollen uns näher verbergen …
Das Leben liegt in aller Herzen
wie in Särgen.

Du! wir wollen uns tief küssen –
Es pocht eine Sehnsucht an die Welt,
an der wir sterben müssen.

Mein blaues Klavier

Ich habe zu Hause ein blaues Klavier
Und kenne doch keine Note.

Es steht im Dunkel der Kellertür,
Seitdem die Welt verrohte.

Es spielten Sternenhände vier
– Die Mondfrau sang im Boote –
Nun tanzen die Ratten im Geklirr.

Zerbrochen ist die Klaviatür.
Ich beweine die blaue Tote.

Ach liebe Engel öffnet mir
– Ich aß vom bitteren Brote –
Mir lebend schon die Himmelstür –
Auch wider dem Verbote.

Gebet

Ich suche allerlanden eine Stadt,
Die einen Engel vor der Pforte hat.
Ich trage seinen großen Flügel
Gebrochen schwer am Schulterblatt
Und in der Stirne seinen Stern als Siegel.

Und wandle immer in die Nacht …
Ich habe Liebe in die Welt gebracht –
Daß blau zu blühen jedes Herz vermag,
Und hab ein Leben müde mich gewacht,
In Gott gehüllt den dunklen Atemschlag.

O Gott, schließ um mich deinen Mantel fest;
Ich weiß, ich bin im Kugelglas der Rest,
Und wenn der letzte Mensch die Welt vergießt,
Du mich nicht wieder aus der Allmacht läßt
Und sich ein neuer Erdball um mich schließt.

Ein Liebeslied

Komm zu mir in der Nacht – wir schlafen engverschlungen.
Müde bin ich sehr, vom Wachen einsam.
Ein fremder Vogel hat in dunkler Frühe schon gesungen,
Als noch mein Traum mit sich und mir gerungen.

Es öffnen Blumen sich vor allen Quellen
Und färben sich mit deiner Augen Immortellen . . . . .

Komm zu mir in der Nacht auf Siebensternenschuhen
In Liebe eingehüllt spät in mein Zelt.
Es steigen Monde aus verstaubten Himmelstruhen.

Wir wollen wie zwei seltene Tiere liebesruhen
Im hohen Rohre hinter dieser Welt.

Mein Volk

Der Fels wird morsch,
Dem ich entspringe
Und meine Gotteslieder singe …
Jäh stürz ich vom Weg
Und riesele ganz in mir
Fernab, allein über Klagegestein
Dem Meer zu.

Hab mich so abgeströmt
Von meines Blutes
Mostvergorenheit.
Und immer, immer noch der Widerhall
In mir,
Wenn schauerlich gen Ost
Das morsche Felsgebein
Mein Volk
Zu Gott schreit.

Die Verscheuchte

Es ist der Tag im Nebel völlig eingehüllt,
Entseelt begegnen alle Welten sich –
Kaum hingezeichnet wie auf einem Schattenbild.

Wie lange war kein Herz zu meinem mild ...
Die Welt erkaltete, der Mensch verblich.
– Komm bete mit mir – denn Gott tröstet mich.

Wo weilt der Odem, der aus meinem Leben wich? –
Ich streife heimatlos zusammen mit dem Wild
Durch bleiche Zeiten träumend – ja ich liebte dich.

Wo soll ich hin, wenn kalt der Nordsturm brüllt –?
– Die scheuen Tiere aus der Landschaft wagen sich –
Und ich – vor deine Tür, ein Bündel Wegerich.

Bald haben Tränen alle Himmel weggespült,
An deren Kelchen Dichter ihren Durst gestillt,
Auch du und ich.

Und deine Lippe, die der meinen glich,
Ist wie ein Pfeil nun blind auf mich gezielt –.

Versöhnung

Es wird ein großer Stern in meinen Schoß fallen ...
Wir wollen wachen die Nacht,

In den Sprachen beten
Die wie Harfen eingeschnitten sind.

Wir wollen uns versöhnen die Nacht –
So viel Gott strömt über.

Kinder sind unsere Herzen,
Die möchten ruhen müdesüß.

Und unsere Lippen wollen sich küssen,
Was zagst du?

Grenzt nicht mein Herz an deins –
Immer färbt dein Blut meine Wangen rot.

Wir wollen uns versöhnen die Nacht,
Wenn wir uns herzen, sterben wir nicht.

Es wird ein großer Stern in meinen Schoß fallen.

Abschied

Aber du kamst nie mit dem Abend –
Ich saß im Sternenmantel.

… Wenn es an mein Haus pochte,
War es mein eigenes Herz.

Das hängt nun an jedem Türpfosten,
Auch an deiner Tür;

Zwischen Farren verlöschende Feuerrose
Im Braun der Guirlande.

Ich färbte dir den Himmel brombeer
Mit meinem Herzblut.

Aber du kamst nie mit dem Abend –
… Ich stand in goldenen Schuhen.

Bin ja aus einem Märchenbuch
Und muß nun immer weinen.

Ein Lied

Hinter meinen Augen stehen Wasser,
Die muß ich alle weinen.

Immer möcht ich auffliegen,
Mit den Zugvögeln fort;

Bunt atmen mit den Winden
In der großen Luft.

O ich bin traurig …
Das Gesicht im Mond weiß es.

Drum ist viel samtne Andacht
Und nahender Frühmorgen um mich.

Als an deinem steinernen Herzen
Meine Flügel brachen,

Fielen die Amseln wie Trauerrosen
Hoch vom blauen Gebüsch.

Alles verhaltene Gezwitscher
Will wieder jubeln,

Und ich möchte auffliegen
Mit den Zugvögeln fort.

Heimweh

Ich kann die Sprache
Dieses kühlen Landes nicht
Und seinen Schritt nicht gehn.

Auch die Wolken, die vorbeiziehn,
Weiß ich nicht zu deuten.

Die Nacht ist eine Stiefkönigin.

Immer muß ich an die Pharaonenwälder denken
Und küsse die Bilder meiner Sterne.

Meine Lippen leuchten schon
Und sprechen fernes,

Und bin ein buntes Bilderbuch
Auf deinem Schoß;

Aber dein Antlitz spinnt
Einen Schleier aus Weinen –

Meinen schillernden Vögeln
Sind die Korallen ausgestochen,

An den Hecken der Gärten
Versteinern ihre weichen Nester.

Wer salbt meine toten Paläste –
Sie trugen die Kronen meiner Väter,
Ihre Gebete versanken im heiligen Fluß.

Weltschmerz

Ich, der brennende Wüstenwind,
Erkaltete und nahm Gestalt an.

Wo ist die Sonne, die mich auflösen kann,
Oder der Blitz, der mich zerschmettern kann!

Blick' nun: ein steinernes Sphinxhaupt,
Zürnend zu allen Himmeln auf.

Hab' an meine Glutkraft geglaubt.

Morituri

Du hast ein dunk'les Lied mit meinem Blut geschrieben –
Seitdem sind meine Lippen kalt und blass.
Du hast mich aus dem Rosenparadies vertrieben!
Ich musst' sie lassen, alle die mich lieben.
Gleich einem Vagabund zieh' ich fürbass.

Und in den Nächten, wenn die Rosen singen –
Dann brütet still der Tod – ich weiß nicht was …
Ich möchte dir mein krankes Herze bringen,
Den gift'gen Odem und mein mühsam Ringen
Mein Weh und alles Kranke und den Hass!

Ich weiss …

Ich weiß, dass ich bald sterben muss –
Es leuchten doch alle Bäume
Nach langersehntem Julikuss.

Fahl werden meine Träume.
Nie dichtete ich einen trüberen Schluss
In den Büchern meiner Reime.

Eine Blume brichst du mir zum Gruß,
Ich liebte sie schon im Keime
… Doch ich weiß, daß ich bald sterben muss.

Mein Odem schwebt über Gottes Fluss –
Ich setze leise meinen Fuß
Auf den Pfad zum ewigen Heime.

JAKOB

Jakob war der Büffel seiner Herde.
Wenn er stampfte mit den Hufen,
Sprühte unter ihm die Erde.

Brüllend ließ er die gescheckten Brüder.
Rannte in den Urwald an die Flüsse,
Stillte dort das Blut der Affenbisse.

Durch die müden Schmerzen in den Knöcheln
Sank er vor dem Himmel fiebernd nieder,
Und sein Ochsgesicht erschuf das Lächeln.

FRÜHLING

Wir wollen wie der Mondenschein
Die stille Frühlingsnacht durchwachen,
Wir wollen wie zwei Kinder sein,
Du hüllst mich in Dein Leben ein
Und lehrst mich so, wie Du, zu lachen.

Ich sehnte mich nach Mutterlieb'
Und Vaterwort und Frühlingsspielen,
Den Fluch, der mich durch's Leben trieb,
Begann ich, da er bei mir blieb,
Wie einen treuen Feind zu lieben.

Nun blühn die Bäume seidenfein
Und Liebe duftet von den Zweigen.
Du mußt mir Mutter und Vater sein
Und Frühlingsspiel und Schätzelein
– – Und ganz mein Eigen …

DEM BARBAREN

Ich liege in den Nächten
Auf deinem Angesicht.

Auf deines Leibes Steppe
Pflanze ich Cedern und Mandelbäume.

Ich wühle in deiner Brust unermüdlich
Nach den goldenen Freuden Pharaos.

Aber deine Lippen sind schwer,
Meine Wunder erlösen sie nicht.

Hebe doch deine Schneehimmel
Von meiner Seele –

Deine diamantnen Träume
Schneiden meine Adern auf.

Ich bin Joseph und trage einen süßen Gürtel
Um meine bunte Haut.

Dich beglückt das erschrockene Rauschen
Meiner Muscheln.

Aber mein Herz läßt keine Meere mehr ein.
O du!!

Mein Herz heult schon über deine rauhen Ebenen
Und verscheucht meine seligen Sterne.

AN GOTT

Du wehrst den guten und den bösen Sternen nicht
All ihre Launen strömen.
In meiner Stirne schmerzt die Furche
Die tiefe Krone mit dem düsteren Licht.

Und meine Welt ist still
Du wehrtest meiner Laune nicht.
Gott, wo bist du?
Ich möchte nah an deinem Herzen lauschen
Mit deiner fernsten Nähe mich vertauschen
Wenn goldverklärt in deinem Reich
Aus tausendseligem Licht
Alle die guten und bösen Brunnen – rauschen – rauschen.

Giselheer dem Heiden

Ich weine –
Meine Träume fallen in die Welt.

In meine Dunkelheit
Wagt sich kein Hirte.

Meine Augen zeigen nicht den Weg
Wie die Sterne.

Immer bettle ich vor deiner Seele;
Weißt du das?

Wär ich doch blind –
Dächte dann, ich läg in deinem Leib.

Alle Blüten täte ich
Zu deinem Blut.

Ich bin vielreich
Niemand kann mich pflücken;

Oder meine Gaben tragen
Heim.

Ich will dich ganz zart mich lehren;
Schon weißt du mich zu nennen.

Sieh meine Farben,
Schwarz und stern

Und mag den kühlen Tag nicht,
Der hat ein Glasauge.

Alles ist tot,
nur du und ich nicht.

Sulamith

O, ich lernte an Deinem süßen Munde
Zu viel der Seligkeiten kennen!
Schon fühl' ich die Lippen Gabriels
   Auf meinem Herzen brennen ...
Und die Nachtwolke trinkt
Meinen tiefen Cederntraum.
O, wie dein Leben mir winkt,
   Und ich vergehe
Mit blühendem Herzeleid!
Und verwehe im Weltraum,
   In Zeit,
   In Ewigkeit,
Und meine Seele verglüht in den Abendfarben
   Jerusalems.

Giselheer dem Tiger

Über dein Gesicht schleichen die Dschungeln.
O, wie du bist!

Deine Tigeraugen sind süß geworden
In der Sonne.

Ich trag dich immer herum
Zwischen meinen Zähnen.

Du mein Indianerbuch,
Wild West,
Siouxhäuptling!

Im Zwielicht schmachte ich
Gebunden am Buxbaumstamm –

Ich kann nicht mehr sein
Ohne das Scalpspiel.

Rote Küsse malen deine Messer
Auf meine Brust –

Bis mein Haar an deinem Gürtel flattert.

Gott hör ...
Hugo Simon dem Boas

Um meine Augen zieht die Nacht sich
Wie ein Ring zusammen.
Mein Puls verwandelte das Blut in Flammen
Und doch war alles grau und kalt um mich.

O Gott und bei lebendigem Tage
Träum ich vom Tod.
Im Wasser trink ich ihn und würge ihn im Brot.
Für meine Traurigkeit fehlt jedes Maß auf deiner Waage.

Gott hör, in deiner blauen Lieblingsfarbe
Sang ich das Lied von deines Himmels Dach.
Und weckte doch in deinem ewigen Hauche nicht den Tag.
Mein Herz schämt sich vor dir fast seiner tauben Narbe.

Wo ende ich, o Gott, denn in die Sterne,
Auch in den Mond sah ich in alle deiner Früchte Tal.
Der rote Wein wird schon in seiner Beere schaal
Und überall die Bitternis in jedem Kerne.

Mein Liebeslied

Wie ein heimlicher Brunnen
Murmelt mein Blut,
Immer von Dir, immer von mir.
Unter dem taumelnden Mond
Tanzen meine nackten, suchenden Träume,
Nachtwandelnde Kinder,
Leise über düstere Hecken.
O, Deine Lippen sind sonnig ...
Diese Rauschedüfte Deiner Lippen ...
Und aus blauen Dolden silberumringt
Lächelst Du ... Du, Du.
Immer das schlängelnde Geriesel
   Auf meiner Haut
Über die Schulter hinweg –
   ch lausche ...
Wie ein heimlicher Brunnen
Murmelt mein Blut.

Siehst du mich –

Zwischen Erde und Himmel?
Nie ging einer über meinen Pfad.

Aber dein Antlitz wärmt meine Welt,
Von dir geht alles Blühen aus.

Wenn du mich ansiehst,
Wird mein Herz süß.

Ich liege unter deinem Lächeln
Und lerne Tag und Nacht bereiten.

Dich hinzaubern und vergehen lassen,
Immer spiele ich das eine Spiel.

Lulu von Strauß und Torney
1873–1965

Letzte Ernte

Ich brachte in siebzig Jahren viele Ernten ein,
Dies soll mein letztes Fuder wohl gewesen sein!
Die Gäule scheuten am Tore, sie jagten mit Gewalt,
Ich schrie und riß an der Leine, aber mein Arm ist alt.

Vor ihren polternden Hufen der Staub flog auf wie Rauch,
Die Garben schleiften die Steine, – mein alter Rücken auch.
Mutter, was hilft das Weinen? Das ist nun wie es ist,
Siebzig Jahre und drüber war doch eine schöne Frist.

Das sie den Schmied nur holen, ein Eisen fehlt dem Roß
Und hinterm Hof am Tore, da ist ein Pfosten los,
Und daß sie nicht vergessen: da, wo die Pappeln stehn,
Im letzten Schlag am Berge, da sollen sie Roggen sä'n.

Kommt jeder an die Reihe, König, Bauer und Knecht,
Ist's unsres Herrgotts Wille, so ist es mir auch recht.
Was stehst du vor dem Bette und beugst dich drüber dicht,
Meinst du, Mutter, ich sähe die Totenlichter nicht?

Vier Lichter an der Lade, wie sich's zu Recht gehört,
Vier Pferde vor den Wagen, der mich von Hofe fährt.
Der weißen Klageweiber zween vor meiner Truh',
Im breiten linnenen Laken vom Kopf bis auf die Schuh!

Mutter, kommen die Kühe schon vom Kamp herein?
Die Schwarze brüllt am Tore, da muß es Melkzeit sein.
Ich höre die Knechte singen vor der Dielentür –
Morgen um Feierabend bin ich nicht mehr hier.

Viel Hände braucht die Ernte. Der Herrgott hat's gewußt.
Gottlob, daß ich nicht früher habe fortgemußt!
Und wenn ich Feierabend heute machen soll, –
Gemäht sind die letzten Ähren, und alle Scheuern voll!

Einst

Und wenn ich selber längst gestorben bin,
Wird meine Erde wieder blühend stehen,
Und Saat und Sichel, Schnee und Sommerpracht
Und weißer Tag und blaue Mitternacht
Wird über die geliebte Scholle gehen.

Und werden Tage ganz wie heute sein:
Die Gärten voll vom Dufte der Syringen,
Und weiße Wolken, die im Blauen ziehn,
Und junger Felder seidnes Ährengrün,
Und drüberhin ein endlos Lerchensingen!

Und werden Kinder lachen vor dem Tor
Und an den Hecken grüne Zweige brechen,
Und werden Mädchen wandern Arm in Arm
Und durch den Sommerabend still und warm
Mit leisen Lippen von der Liebe sprechen!

Und wird wie heut der junge Erdentag
Von keinem Gestern wissen mehr noch sagen,
Und wird wie heut doch jeder Sommerwind
Aus tausend Tagen, die vergessen sind,
Geheime Süße auf den Flügeln tragen!

Die Tulipan

Es gehen so viele Straßen ins Land hinein,
Straßen wie weiße Bänder im Sonnenschein,
Straßen, darüber die Blitze des hohen Sommers stehn,
Straßen, darüber in Wolken Staub und Regen wehn.
Und wer auf den weißen Straßen einen Sommer lang zieht,
Der schreitet mit rüstigen Füßen und frischem Lied,
Und wer zwei Jahre und dreie wandert her und hin,
Dem werden die Sohlen müde, und friedlos der Sinn,
Und wer da liegt auf den Straßen sieben Jahr und mehr,
Dem verweht im Staube der Straßen das Glück und die Ehr! –
Es wandern zwei durch die Heide, die rot in Blüte steht,

Die waren vom Winde der Straßen zusammengeweht:
Ein brauner Schmiedegeselle mit krausem Haar;
Der fuhr durch Städte und Länder ins siebte Jahr;
Der andre ein junger Gärtner. Der spricht und lacht:
»Was daheim wohl die Mutter für Augen macht!
Meine lederne Katze ist von Gulden schwer,
Ich komme weit aus der Fremde, von Holland her.
Mir schenkte mein guter Meister, als ich wandern ging,
Hier diese Samenzwiebel, ein edel selten Ding,
Die trägt eine feine Blume, wie keiner im Dorf sie kennt,
Die zwischen den grünen Blättern rot wie Feuer brennt!
In meiner Mutter Garten, bei Minz und Majoran,
Da soll mir wachsen und blühen die Blume Tulipan!«
Der Braune schritt ihm zur Seite und horchte stumm,
Drei Birken standen am Wege, da sah er sich spähend um,
Es glomm ihm unter den Brauen ein gieriges Feuer an,
Es kam eine böse Stunde über den fahrenden Mann.
Er riß aus dem breiten Gurte den Schmiedehammer hervor, –
Kein Auge hat's gesehen, gehört kein menschlich Ohr.
Er scharrte eine Grube im Laub im Laub am Straßenrand,
Und vergaß die rote Tulipan in der wächsernen Totenhand. –

Im letzten Haus im Dorfe, da ging es kling und klang,
Das rot der Funkenregen über die Straße sprang,
Es stand die junge Meisterin und spähte in Sonne und Wind:
»Du fremder brauner Geselle, was läufst du so geschwind?
Sie trugen um die Lichtmeßzeit zu Grabe mir den Mann,
Was sprichst du in der Schmiede nicht das Handwerk an?« –

Die Erntesicheln gingen über das falbe Land,
Als der fremde Geselle zuerst am Amboß stand,
Die raschelnden Blätter stoben im kalten Winde hin,
Da küßte er Feierabends seine Meisterin,
Und als die Straßen im Lande lagen weiß verschneit,
Da nähte die junge Wittib sich wieder ein Hochzeitskleid. –

Es singt die blonde Meistersfrau den lieben langen Tag,
Und horcht vom Herd herüber auf den Hammerschlag.

Es führt der neue Meister den Schmiedehammer gut,
Er steht mit nackten Armen in roter Flackerglut,
Er sitzt an eignem Tische vor Weib und Hausgesind,
Als hätte sein Herz vergessen der Straßen Sonne und Wind.
Und stampft vor seiner Schmiede ein eisenloses Pferd,
Es ist des Reiters Woher, Wohin ihm keiner Frage wert,
Und kommt ein fechtender Bruder vorbei mit staubigem Schuh,
Er schlägt mit zornigem Gruße vor ihm die Türe zu.

Es singt die blonde Meistersfrau, so lange die Sonne lacht,
Was stört sie auf vom Kissen in mancher Nacht?
Dumpf die Luft in der Kammer, die Wand von Mondlicht fahl,
Der Meister fährt vom Schlafe auf in irrer Qual,
Er schreit, als würgt ihm das Grauen die Kehle zu:
»Liegt Einer am Straßenrande, der gibt nicht Ruh!«
»Mann, wer gibt nicht Ruhe!« Sie fliegt am ganzen Leib.
Da schüttelt er wild die Fäuste: »Verflucht dein Lauschen,
Grau der Wintermorgen, der ins Fenster scheint.   [Weib!«
Finster des Meisters Stirne. Die Meisterin sitzt und weint.
- - - - - - - - - - - - - - - - - -
Nun weht das linde Tauen ins Land hinein,
Es schmelzen die weißen Streifen am braunen Ackerrain,
Es geht ein Schwatzen der Stare über das Wiesenland,
Die Weidenkätzchen stäuben draußen am Straßenrand.
Draußen am Straßenrande wacht heimlich Leben auf:
Es hebt sich ein grüner Finger aus dürrem Laub herauf,
Der Finger reckt sich höher, wie wenn er droht,
Es bricht aus seiner Spitze ein dunkeltiefes Rot!
Kinder haben's gesehen, die kamen den Weg entlang,
Als der Küster Schule hielt, lief es von Bank zu Bank.
Der Schäfer trieb vorüber, der hob die Hand:
»Der Böse hat das Kraut gesät! Gott wende Krieg und Brand!«
Der Pfarrer aber schickt ins Feld des Meßners Sohn hinaus:
»Geh, grab mir für mein Gartenbeet das Herrgottswunder aus!«

Der Bub hat um sein Messer die braune Faust gepreßt, –
Wie hält die schwarze Erde so zäh ihr Eigen fest!
Und wie die Schollen bröckeln, da blink ein fahles Weiß,

Und wie die Klinge tiefer gräbt, da wird ihm kalt und heiß, –
Er kommt im letzten Abendschein schreiend heimgerannt:
»Es wächst die Blume Tulipan aus einer Knochenhand!«

Nun geht im Dorfe ein Fragen und Raunen an:
»Wo draußen die Birken stehen, ist schwere Tat getan!
Aber der heimliche Frevel hat nicht geruht:
Es wuchs eine rote Blume aus ungesühntem Blut!
Gott weiß, wohin des Weges, Gott weiß, woher er kam,
Der hier an offner Straße so böse Abfahrt nahm!
Gott weiß, wo Eins im Lande um ihn in Sorgen geht!
Gott weiß, wo eine Türe umsonst ihm offen steht!
Und liegt er verscharrt im Sande wie ein verreckter Hund,
Wir wollen ein Grab ihm schenken in geweihtem Grund!«

Lehrling und Geselle liefen ins Dorf hinein,
Am Amboß in der Schmiede der Meister ist allein.
Er schlägt, wie wenn der Amboß in Stücke springen soll:
Die gottverdammten Glocken! was bimmeln sie wie toll?
Sie läuten den zur Ruhe, der an der Straße lag!
Es springen die roten Funken bei jedem Hammerschlag,
Der Meister hört den Hammer und sonst nicht Laut noch
                                                              Schritt, –
Was war das für ein Schatten, der über den Amboß glitt?
Und wie er jäh sich wendet, die Stirne naß von Schweiß,
Steht Eine auf der Schwelle, bis in die Lippen weiß.
Die roten Flammen knistern, sonst kein Laut umher,
Es fallen ihre Worte wie Tropfen bang und schwer.
Aug in Auge schauen die Zwei sich an:
»Der dir nicht Ruh gegeben, – ist's der mit der Tulipan?«
Stille. Ein hartes Lachen aus des Meisters Mund.
»Jetzt muß er wohl Ruhe geben in geweihtem Grund!«
Wieder Schweigen. Und Glocken in das Schweigen herein,
In den Augen des Mannes lauert ein böser Schein,
Er schließt die Faust um den Hammer wie spielend zu:
»Schwatzhaft ist Weiberzunge. Wann gibt die Ruh?«
Da schreit sie in jähem Schrecken, ihr Blut gerinnt,
Sie jagt hinaus und das Dorf entlang wie taub und blind,

Sie hört nicht die wirren Stimmen rufen hinter ihr,
Sie sieht nur des Pfarrers weißes Haar, vor seines Hauses Tür,
Da bricht das Weib in die Knie und schluchzt auf seine Hand:
»Hilf Gott, er will mich erschlagen, – wie den am Straßenrand!«

Die Richtstatt ist hoch am Berge und droht ins Land hinein, –
Da gehen die weißen Straßen im Sonnenschein.
Straßen, darüber die Blitze des hohen Sommers stehn,
Straßen, darüber die Wolken Staub und Regen wehn,
Straßen, von denen zum Himmel heimliche Bluttat schreit,
Auf denen Einer verloren Ehre und Seligkeit!
Und wenn sie den Leib da droben richten mit dem Schwert, –
Gott sei gnädig der Seele, die ihre Straße fährt!

Des Braunschweigers Ende

Auf des Braunschweigers eherner Stirne schwoll
Das zornige Blut der Adern,
Er ballte die Faust in schwerem Groll
Nach den trotzigen Mauerquadern.

»Meine eiserne Gred spricht taubem Ohr,
Keine Bresche in Wall und Türmen,
Und öffnet Leerort heut nicht sein Tor,
Bei Gott, so will ich es stürmen!«

Sprach Hans von Velde: »Der Graben ist weit,
Der Tod hält Wacht auf den Mauern«.
»Und wäre der Graben zehn Klafter breit,
So füllen wir ihn mit Bauern!

Und bauen für meinen Herzogsstolz
Die Brücke zuckende Glieder; –
Unedles Blut und Erlenholz
Wächst alle Tage wieder!«

Herr Heinrich lachte mit hartem Klang
Und schritt vorüber den Wachen.
Es spritzte vor seinem wuchtigen Gang
Der Schlamm der Pfützen und Lachen.

Rolf Tyle lehnte, des Herzogs Mann,
Am Rad der eisernen Gredel –
Jäh' fing das Blut ihm zu sieden an
In dem trotzigen Bauernschädel:

»Herr Herzog, sind euch die Bauern gut
Zur Brücke über den Graben –
Bei Gott, die Brücke soll edel Blut
Zum Mörtel der Steine haben!

Nun soll euch, Herre, der Herzogsstolz
Gesegnen Teufel und Hölle«; –
Im Köcher klirrte der eiserne Bolz,
Die Armbrust hob der Geselle. –

Ein röchelnder Fluch. Ein dumpfer Fall
Der stahlumpanzerten Glieder.
Vor Leerorts unbezwungenem Wall
Schoß ein flammender Stern hernieder.

Gott

Der Tag hing grau in den Wolken und war doch schwül und schwer.
Die blauen Blitze flammten nachts über die Gärten her,
Das Korn stand reif im Felde, und goldner war es nie, –
Ich bog dem Gott der Liebe mit Zittern meine Knie.

Die Sommernelken blühten und brannten purpurrot, –
Die ich mir damals pflückte, sind nun verdorrt und tot,
Der Gott, vor dem ich kniete, er schritt an mir vorbei,
Ihm nach durch graue Leere ging meiner Sehnsucht Schrei.

In gelbe Lindenwipfel stößt nun der nasse Wind,
Ich gehe stille Wege, die menschenferne sind.
Dei Stirne, die ich senkte in Tränen und in Traum,
Streift wieder eines Gottes dunkler Mantelsaum.

Und zwischen letzten Graben, die goldner Herbst beschert,
Im Dampf gepflügter Scholle, die junge Saat begehrt,
Das strenge Haupt erhoben in freier Winde Wehn,
Seh' ich mit starken Füßen den Gott der Arbeit gehn.

Der du gebietend schreitest durch Sichelklang und Saat, –
Sich mühen heißt dir beten, und Andacht ist die Tat!
Im Werke meiner Hände hör' meiner Sehnsucht Schrei;
Du Gott, zu dem ich bete – Herr, geh mir nicht vorbei!

Grüne Zeit

Oben am Berge sangen alle Buchen heut.
Grüne Zeit! sang die eine: grüne, grüne Zeit!
Schwestern! rauschte die zweite und wiegte den Wipfel hoch,
Wißt ihr die weißen Nächte, die Nächte des Todes noch?
Wir streckten die nackten Äste in Frost und bebten sehr,
Die Sonne war längst gestorben und lebte kein Quellchen
                                                                       mehr! –
Wir wissen, sangen die andern, doch die weißen Nächte sind
Grüne Zeit, Schwester Buche, grüne, grüne Zeit!   [weit, –

Und wißt ihr die schwarzen Vögel, die knarrten böse und rauh
Über den bleichen Feldern ins frühe Abendgrau?
Ihre schreienden Schwärme machten dunkler den dunkelsten
                                                                       Tag,
Es krachte in unsern Ästen ihr streitender Flügelschlag! –
Wir kennen die schwarzen Vögel, aber sie flogen weit!
Grüne Zeit, Schwester Buche, grüne, grüne Zeit! –

Sonne, hohe Sonne! eine Schlanke sang in den Wind,
Deiner grünen rauschenden Kinder, siehe, wie viele es sind!

Wipfel wiegt sich an Wipfel hinauf die wogende Wand,
Unser sind alle Berge, die blauen über dem Land!
Gell über unsern Kronen jauchzt der wilde Weih,
Hoch schwimmen die weißen Wolken zu Häupten und vorbei,
Höher als Weih und Wolke, Flammende, schreitest du
Aus roten Toren der Frühe rotem Abend zu!
Wir brennen in grünen Feuern entgegen deinem Brand,
Wir winken mit tausend Blättern dir nach ins Abendland,
Wir neigen singende Kronen deinem Angesicht:
Gelobt sei die hohe Sonne! Gelobt das heilige Licht!

Tausend Buchen am Berge hielten den Atem an, –
Auf silbernem Stamm die höchste wie träumend halb begann, –
Und auf einmal sangen sie alle, und rauschten wälderweit:
Gelobt sei die hohe Sonne! Grüne, grüne Zeit!

Gertrud von le Fort
1876–1971

Deutsches Leid

Schiffer, zieh fort die Brücke,
Du lockst mich nimmermehr an Bord,
Ich weiß von keinem Glücke,
Ich weiß von keinem Zufluchtsort.

Und ob sich draußen weiten
Noch Länder froh und gastbereit,
Und ihre Arme breiten
Wie fremder Mütter Lindigkeit:

Ich würde doch entbehren
Bei ihres reichen Tisches Brot,
Ich würde mich verzehren
Nach meiner Heimat bittrer Not,

Ich stünde doch in Ketten
Mitten im festlich hohen Saal,
Ich könnt mich niemals retten
Vor meines Volkes Schuld und Qual.

Mir bräche doch in Scherben
Des vollen Bechers Prunkgerät,
Ich müsste dennoch, dennoch sterben
Wenn Deutschland untergeht.

Die Heimatlosen

Wir sind von einem edlen Stamm genommen,
Der Schuld vermählt,
Wir sind auf dunkeln Wegen hergekommen
Wund und gequält.
Wir hielten einst ein Vaterland umfangen –
Gott riß uns los –
Wir sind durch Feuer und durch Blut gegangen
Verfolgt und bloß.

Des Abgrunds Engel hat uns überflogen –
Wer bannt sein Heer?
Wir sind am Rand der Hölle hingezogen –
Uns graust nicht mehr.

Durch jede Schmach sind wir hindurchgebrochen
Bis ins Gericht:
Wir hörten Worte, die ihr nicht gesprochen –
O redet nicht!

Uns winkt hier niemals Heimat mehr wie andern,
Uns hält kein Band,
Gott riß uns los, wir müssen wandern, wandern –
Wüst liegt das Land,

Wüst liegt die Stadt, wüst liegen Hof und Hallen,
Die Hand ward leer,
Wir sahen eine Welt in Trümmer fallen –
Uns trifft nichts mehr.

Ziel eines Hasses oder eines Spottes,
Was liegt daran?
Wir sind die Heimatlosen unsres Gottes –
Er nimmt uns an.

Die Schuld ist ausgeweint, wir sind entronnen
Ins letzte Weh:
Die ewge Gnade öffnet ihre Bronnen –
Blut wird zu Schnee.

Agnes Miegel
1879–1964

Die Nibelungen

In der dunkelnden Halle saßen sie,
Sie saßen geschart um die Flammen,
Hagen Tronje zur Linken, sein Schwert auf dem [Knie,
Die Könige saßen zusammen.

Schön Kriemhild kauerte nah' der Glut.
Von ihren schmalen Händen
Zuckte der Schein wie Gold und Blut
Und sprang hinauf an den Wänden.

König Gunter sprach: »Mein Herz geht schwer,
Hör' ich den Ostwind klagen!
Spielmann, lang' deine Fiedel her,
Sing' uns von frohen Tagen!«

Aufflog ein jubelnder Bogenstrich
Und flatterte an den Balken.
Herr Volker sang: »Einst zähmte ich
Einen edelen Falken...«

Die blonde Kriemhild blickte auf
Und sprach mit Tränen und leise:
»Spielmann, hör' mit dem Liede auf,
Sing' eine andere Weise!«

Die braune Fiedel raunte alsbald
Träumend und ganz versonnen,
Herr Volker sang: »Im Odenwald
Da fließt ein kühler Bronnen...«

Die blonde Kriemhild wandte sich
Und sprach mit Tränen und bange:
»Mein Herz schlägt laut und fürchtet sich
Und bebt bei deinem Sange...«

Anhub die Fiedel zum drittenmal
Aufweinend in Gram und Leide,
Herrn Volkers Stimme sang im Saal,
Wie ein Vogel auf nächtiger Heide:

»Es glimmt empor aus ewiger Nacht
Heißer als alle Feuersglut,
Gelb wie das Aug' der Zwergenbrut,
Das gierig seinen Glanz bewacht, –
O weh der Lust, die mich gezeugt!

Wie Brunst nach Brunst im Forste schreit,
Wie nach der Lohe lechzt die Glut,
So treibt die Gier nach Menschenblut
Ans Licht den Hort der Dunkelheit, –
O weh dem Schoß, der mich gebar!

Es ruft der Neid, es weckt den Mord,
Stört auf die Drachen, Trug und List,
Hetzt Rachsucht, die die Rache frißt, –
Und immer röter glüht der Hort, –
O weh der Brust, die mich gesäugt!

Es treibt und schwimmt im Purpurquell,
Es trinkt den Quell und lechzt nach mehr,
Es braust und schäumt, die Flut steigt schnell,
Breit wie die Donau strömt es her,
O weh der Lieb', die lieb mir war!

Es schäumt und braust, atmet und steigt,
Schon brandet's draußen an die Tür,
Es klopft und pocht, der Riegel weicht,
Nun flutet's heiß und rot herfür, –
Weh über mich, weh über euch!«

Jäh bei dem letzten Bogenstrich
Sprangen die Saiten und schrien.
Hagen von Tronje neigte sich
Und wiegte sein Schwert auf den Knien.

Die Könige saßen bleich und verstört,
Doch die schön Kriemhild lachte.
Sie sprach: »Nie hab ich ein Lied gehört,
das mich lustiger machte!«

Sie kniete nieder und schürte die Glut.
Von ihren schmalen Händen
Zuckte der Schein wie Gold und Blut
Und sprang hinauf an den Wänden.

Schöne Agnete

Als Herrn Ulrichs Wittib in der Kirche gekniet,
Da klang vom Kirchhof herüber ein Lied.
Die Orgel droben hörte auf zu gehn,
Die Priester und die Knaben, alle blieben stehn,
Es horchte die Gemeinde, Greis, Kind und Braut,
Die Stimme draußen sang wie die Nachtigall so laut:

»Liebste Mutter in der Kirche, wo des Mesners Glöcklein klingt,
Liebe Mutter, hör wie draußen deine Tochter singt.
Denn ich kann ja nicht zu dir in die Kirche hinein,
Denn ich kann ja nicht mehr knieen vor Mariens Schrein,
Denn ich hab ja verloren die ewige Seligkeit,
Denn ich hab ja den schlammschwarzen Wassermann gefreit.

Meine Kinder spielen mit den Fischen im See,
Meine Kinder haben Flossen zwischen Finger und Zeh,
Keine Sonne trocknet ihrer Perlenkleidchen Saum,
Meiner Kinder Augen schließt nicht Tod noch Traum – –

Liebste Mutter, ach ich bitte dich,
Liebste Mutter, ach ich bitte dich flehentlich,
Wolle beten mit deinem Ingesind
Für meine grünhaarigen Nixenkind,

Wolle beten zu den Heiligen und zu Unsrer Lieben Frau
Vor jeder Kirche und vor jedem Kreuz in Feld und Au!
Liebste Mutter, ach ich bitte dich sehr,
Alle sieben Jahre einmal darf ich Arme nur hierher.

Sage du dem Priester nun
Er soll weit auf die Kirchentüre tun,
Daß ich sehen kann der Kerzen Glanz,
Daß ich sehen kann die güldene Monstranz,
Daß ich sagen kann meinen Kinderlein
Wie so sonnengolden strahlt des Kelches Schein!«

Die Stimme schwieg. Da hub die Orgel an,
    Da ward die Türe weit aufgetan, –
        Und das ganze heilige Hochamt lang
            Ein weißes weißes Wasser vor der Kirchentüre sprang.

Die Frauen von Nidden

Die Frauen von Nidden standen am Strand,
Über spähenden Augen die braune Hand,
Und die Boote nahten in wilder Hast,
Schwarze Wimpel flogen züngelnd am Mast.

Die Männer banden die Kähne fest
Und schrien: »Drüben wütet die Pest!
In der Niedrung von Heydekrug bis Schaaken
Gehn die Leute im Trauerlaken!«

Da sprachen die Frauen: »Es hat nicht Not, –
Vor unsrer Türe lauert der Tod,
Jeden Tag, den uns Gott gegeben,
Müssen wir ringen um unser Leben,

Die wandernde Düne ist Leides genug,
Gott wird uns verschonen, der uns schlug!« –

Doch die Pest ist des Nachts gekommen,
Mit den Elchen über das Haff geschwommen.

Drei Tage lang, drei Nächte lang,
Wimmernd im Kirchstuhl die Glocke klang.
Am vierten Morgen, schrill und jach,
Ihre Stimme in Leide brach.

Und in dem Dorf, aus Kate und Haus,
Sieben Frauen schritten heraus.
Sie schritten barfuß und tief gebückt
In schwarzen Kleidern bunt bestickt.

Sie klommen die steile Düne hinan,
Schuh und Strümpfe legten sie an,
Und sie sprachen: »Düne, wir sieben
Sind allein noch übrig geblieben.

Kein Tischler lebt, der den Sarg uns schreint,
Nicht Sohn noch Enkel, der uns beweint,
Kein Pfarrer mehr, uns den Kelch zu geben,
Nicht Knecht noch Magd ist mehr unten am Leben. –

Nun, weiße Düne, gib wohl Acht:
Tür und Tor ist dir aufgemacht,
In unsre Stuben wirst du gehn
Herd und Hof und Schober verwehn.

Gott vergaß uns, er ließ uns verderben.
Sein verödetes Haus sollst du erben,
Kreuz und Bibel zum Spielzeug haben, –
Nur, Mütterchen, komm, uns zu begraben!

Schlage uns still ins Leichentuch,
Du unser Segen, – einst unser Fluch.
Sieh, wir liegen und warten ganz mit Ruh« –

Und die Düne kam und deckte sie zu.

Heimweh

Ich hörte heute morgen
am Klippenhang die Stare schon.
Sie sangen wie daheim,
und doch war es ein andrer Ton.

Und blaue Veilchen blühten
auf allen Hügeln bis zur See.
In meiner Heimat Feldern
liegt in den Furchen noch der Schnee.

In meiner Stadt im Norden
stehn sieben Brücken, grau und greis,
an ihre morschen Pfähle
treibt dumpf und schütternd jetzt das Eis.

Und über grauen Wolken
es fein und engelslieblich klingt –
und meiner Heimat Kinder
verstehen, was die erste Lerche singt.

Agnes Bernauerin

Sie sangen am Herd als die Flamme schied:
»Es ist eine Ros' entsprungen.«
Sie sprachen zu ihr als verklungen das Lied:
»Was hast du nicht mitgesungen?

Was bist du so blaß, Agnes Bernauerin,
Was starrst du so vor dich nieder?«
Sie sprach wie schlafend vor sich hin
Und schloß ihre schweren Lieder:

»Mir träumte in der Andreasnacht,
Ich sei an die Donau gegangen;

Der Himmel glomm in blutiger Pracht,
Und die roten Wellen sangen.

Sie trugen mir zu in schaukelndem Tanz
Eine Krone, sternbeschienen, –
Und wie ich sie hob war's ein Sterbekranz,
Von welkenden Rosmarinen.«

September

Dies sind die liebsten Tage mir im Jahr:
Die ersten Astern blühen in den Beeten,
Die Luft ist kirchenstill und blau und klar
Und ganz erfüllt vom Dufte der Reseden.

Kein Vogelschlag durchklingt den Sonnenschein
Doch unablässig zirpen die Zikaden, –
Bei ihrem Schwirren in den Abendschein
Geh, Seele, satt von Welt und Sonne ein,
Ein müdes Kind, zu letzten Schlummers Gnaden.

Ina Seidel
1885–1974

Trost

Unsterblich duften die Linden –
Was bangst du nur?
Du wirst vergehn, und deiner Füße Spur
Wird bald kein Auge mehr im Staube finden.
Doch blau und leuchtend wird der Sommer stehn
Und wird mit seinem süßen Atemwehn
Gelind die arme Menschenbrust entbinden.
Wo kommst du her? Wie lang bist du noch hier?
Was liegt an dir?
Unsterblich duften die Linden –

Der Pflüger

Mit wuchtigen Knien,
Von Krähen umschrien,
Im Dunst seiner Pferde,
Die Fäuste am Sterz –
Samt Pflugschar und Rossen
Selbst bodenentquollen,
Stampft er jetzt die Schollen
Und zwingt in die Erde
Sein reißendes Erz.

Die Brache umbrechen,
Heißt Kräfte lossprechen,
Die Erde braucht Hände
Zu lösen ihr Herz.
Mann, Pflugschar und Rosse:
Von Erde genommen,
Zur Erde gekommen,
Gestalt aus Gelände
Im dampfenden März.

Waldarbeiter

Die runde Säge hängt ihm um den Hals,
Axt unterm Arm, so geht er morgens aus.
Hört seine Schritt hallen harten Falls –
Schlafblind, im Dämmer steht noch Haus bei Haus.

Er hat den meilenweiten Wälderschritt,
Den Hut im Nacken und das Brot im Sack,
Geruch von Harz und Borke führt er mit,
Und kleiner Feuer Reisigrauchgeschmack,

Des frischen Laubes süßen Moderduft,
Und Spechtgeklopf und Häherschrei und schwer
Den Wipfelsturz aus goldener Herbstesluft. –
Axtruf, lang läutend von den Halden her ...

Die Mutter sinnt bei der Wiege

O tiefes Wunder, daß in dir
Mein Leben Kraft geworden ist,
Daß du so ganz Erfüllung mir
Und Antwort meinem Wesen bist –
Daß mein verschwiegnes frühstes Leid
Stumm weiterklagt in deinem Blut,
Vergeßne Freude fernster Zeit
Als Glanz in deiner Seele ruht!
Daß heiß dein Herz in meinem schlug,
Daß dein Geschick in meinem schlief,
So lange, eh' mein Schoß dich trug,
Und eh' ich dich bei Namen rief ...

Ich bin dir nie so nah als nachts;
Wenn rings um uns das Dunkel schweigt,
Geheimnisvoll lebendig nur
Dein Atem fällt, dein Atem steigt.
Ich denke jener holden Zeit,
Da du in mir versenkt geruht,
Da unser Atem e i n e r war,
Bewegt von e i n e s Lebens Flut,
Ich denke einer fernen Zeit,
Wenn uns die stumme Nacht umgibt:
Einst r u h n wir wieder ganz vereint
Mit allem, was wir je geliebt.

Nelly Sachs
1891–1970

Chor der Geretteten

Wir Geretteten,
Aus deren hohlem Gebein der Tod schon seine Flöten schnitt,
An deren Sehnen der Tod schon seinen Bogen strich –
Unsere Leiber klagen noch nach
Mit ihrer verstümmelten Musik.
Wir Geretteten,
Immer noch hängen die Schlingen für unsere Hälse gedreht
Vor uns in der blauen Luft –
Immer noch füllen sich die Stundenuhren mit unserem
Wir Geretteten,   [tropfenden Blut.
Immer noch essen an uns die Würmer der Angst.
Unser Gestirn ist vergraben im Staub.
Wir Geretteten
Bitten euch:
Zeigt uns langsam eure Sonne.
Führt uns von Stern zu Stern im Schritt.
Laßt uns das Leben leise wieder lernen.
Es könnte sonst eines Vogels Lied,
Das Füllen des Eimers am Brunnen
Unseren schlecht versiegelten Schmerz aufbrechen lassen
Und uns wegschäumen –
Wir bitten euch:
Zeigt uns noch nicht einen beißenden Hund –
Es könnte sein, es könnte sein
Daß wir zu Staub zerfallen –
Vor euren Augen zerfallen in Staub.
Was hält denn unsere Webe zusammen?
Wir odemlos gewordene,
Deren Seele zu I h m floh aus der Mitternacht
Lange bevor man unseren Leib rettete
In die Arche des Augenblicks.
Wir Geretteten,
Wir drücken eure Hand,

Wir erkennen euer Auge –
Aber zusammen hält uns nur noch der Abschied,
Der Abschied im Staub
Hält uns mit euch zusammen.

>*»Und wenn diese, meine Haut zerschlagen
>sein wird, so werde ich ohne mein Fleisch
>Gott schauen«*   HIOB

O die Schornsteine
Auf den sinnreich erdachten Wohnungen des Todes,
Als Israels Leib zog aufgelöst in Rauch
Durch die Luft –

Als Essenkehrer ihn ein Stern empfing
Der schwarz wurde
Oder war es ein Sonnenstrahl?

O die Schornsteine!
Freiheitswege für Jeremias und Hiobs Staub –
Wer erdachte euch und baute Stein auf Stein
Den Weg für Flüchtlinge aus Rauch?

O die Wohnungen des Todes,
Einladend hergerichtet
Für den Wirt des Hauses, der sonst Gast war –
O ihr Finger,
Die Eingangsschwelle legend
Wie ein Messer zwischen Leben und Tod –

O ihr Schornsteine,
O ihr Finger,
Und Israels Leib im Rauch durch die Luft!

Gertrud Kolmar
1894–1943

Verwandlungen

Ich will die Nacht um mich ziehn als ein warmes Tuch
Mit ihrem weißen Stern, mit ihrem grauen Fluch,
Mit ihrem wehenden Zipfel, der die Tagkrähen scheucht,
Mit ihren Nebelfransen, von einsamen Teichen feucht.

Ich hing im Gebälke starr als eine Fledermaus,
Ich lasse mich fallen in Luft und fahre nun aus.
Mann, ich träumte dein Blut, ich beiße dich wund,
Kralle mich in dein Haar und sauge an deinem Mund.

Über den stumpfen Türmen sind Himmelswipfel schwarz.
Aus ihren kahlen Stämmen sickert gläsernes Harz
Zu unsichtbaren Kelchen wie Oportowein.
In meinen braunen Augen bleibt der Widerschein.

Mit meinen goldbraunen Augen will ich fangen gehn,
Fangen den Fisch in Gräben, die zwischen Häusern stehn,
Fangen den Fisch der Meere: und Meer ist ein weiter Platz
Mit zerknickten Masten, versunkenem Silberschatz.

Die schweren Schiffsglocken läuten aus dem Algenwald.
Unter den Schiffsfiguren starrt eine Kindergestalt,
In Händen die Limone und an der Stirn ein Licht.
Zwischen uns fahren die Wasser; ich behalte dich nicht.

Hinter erfrorener Scheibe glühn Lampen bunt und heiß,
Tauchen blanke Löffel in Schalen, buntes Eis;
Ich locke mit roten Früchten, draus meine Lippen gemacht,
Und bin eine kleine Speise in einem Becher von Nacht.

Die Jüdin

Ich bin fremd.

Weil sich die Menschen nicht zu mir wagen,
Will ich mit Türmen gegürtet sein,
Die steile, steingraue Mützen tragen
In Wolken hinein.

Ihr findet den erzenen Schlüssel nicht
Der dumpfen Treppe. Sie rollt sich nach oben,
Wie platten, schuppigen Kopf erhoben
Eine Otter ins Licht.

Ach, diese Mauer morsch schon wie Felsen,
Den tausendjähriger Strom bespült;
Die Vögel mit rohen, faltigen Hälsen
Hocken, in Höhlen verwühlt.

In den Gewölben rieselnder Sand,
Kauernde Echsen mit sprenkligen Brüsten –
Ich möcht' eine Forscherreise rüsten
In mein eigenes uraltes Land.

Ich kann das begrabene Ur der Chaldäer
Vielleicht entdecken noch irgendwo,
Den Götzen Dagon, das Zelt der Hebräer,
Die Posaune von Jericho.

Die jene höhnischen Wände zerblies,
Schwärzt sich in Tiefen, verwüstet, verbogen;
Einst hab' ich dennoch den Atem gesogen,
Der ihre Töne stieß.

Und in Truhen, verschüttet vom Staube,
Liegen die edlen Gewänder tot,
Sterbender Glanz aus dem Flügel der Taube
Und das Stumpfe des Behemoth.

Ich kleide mich staunend. Wohl bin ich klein,
Fern ihren prunkvoll mächtigen Zeiten,

Doch um mich starren die schimmernden Breiten
Wie Schutz, und ich wachse ein.

Nun seh' ich mich seltsam und kann mich nicht kennen,
Da ich vor Rom, vor Karthago schon war,
Da jäh in mir die Altäre entbrennen
Der Richterin und ihrer Schar.

Von dem verborgenen Goldgefäß
Läuft durch mein Blut ein schmerzliches Gleißen,
Und ein Lied will mit Namen mich heißen,
Die mir wieder gemäß.

Himmel rufen aus farbigen Zeichen.
Zugeschlossen ist euer Gesicht:
Die mit dem Wüstenfuchs scheu mich umstreichen,
Schauen es nicht.

Riesig zerstürzende Windsäulen wehn,
Grün wie Nephrit, rot wie Korallen,
Über die Türme. Gott läßt sie verfallen
Und noch Jahrtausende stehn.

Die Fahrende

Alle Eisenbahnen dampfen in meine Hände,
Alle großen Häfen schaukeln Schiffe für mich,
Alle Wanderstraßen stürzen fort ins Gelände,
Nehmen Abschied hier; denn am andern Ende,
Fröhlich sie zu grüßen, lächelnd stehe ich.

Könnt ich einen Zipfel dieser Welt erst packen,
Fänd ich auch die drei andern, knotete das Tuch,
Hängt es auf einen Stecken, trügs an meinem Nacken,
Drin die Erdkugel mit geröteten Backen,
Mit den braunen Kernen und Kalvillgeruch.

Schwere eherne Gitter rasseln fern meinen Namen,
Meine Schritte bespitzelt lauernd ein buckliges Haus;
Weit verirrte Bilder kehren rück in den Rahmen,
Und des Blinden Sehnsucht und die Wünsche des Lahmen
Schöpft mein Reisebericht, trinke ich durstig aus.

Nackte, kämpfende Arme pflüg ich durch tiefe Seen,
In mein leuchtendes Auge zieh ich den Himmel ein.
Irgendwann wird es Zeit, still am Weiser zu stehen,
Schmalen Vorrat zu sichten, zögernd heimzugehen,
Nichts als Sand in den Schuhen Kommender zu sein.

Die Verlassene
An K.J.

Du irrst dich. Glaubst du, daß du fern bist
Und daß ich dürste und dich nicht mehr finden kann?
Ich fasse dich mit meinen Augen an,
Mit diesen Augen, deren jedes finster und ein Stern ist.

Ich zieh dich unter dieses Lid
Und schließ es zu und du bist ganz darinnen.
Wie willst du gehn aus meinen Sinnen,
Dem Jägergarn, dem nie ein Wild entflieht?

Du läßt mich nicht aus deiner Hand mehr fallen
Wie einen welken Strauß,
Der auf die Straße niederweht, vorm Haus
Zertreten und bestäubt von allen.

Ich hab dich liebgehabt. So lieb.
Ich habe so geweint ... mit heißen Bitten ...
Und liebe dich noch mehr, weil ich um dich gelitten,
Als deine Feder keinen Brief, mir keinen Brief mehr schrieb.

Ich nannte Freund und Herr und Leuchtturmwächter
Auf schmalem Inselstrich,
Den Gärtner meines Früchtegartens dich,
Und waren tausend weiser, keiner war gerechter.

Ich spürte kaum, daß mir der Hafen brach,
Der meine Jugend hielt – und kleine Sonnen,
Daß sie vertropft, in Sand verronnen.
Ich stand und sah dir nach.

Dein Durchgang blieb in meinen Tagen,
Wie Wohlgeruch in einem Kleide hängt,
Den es nicht kennt, nicht rechnet, nur empfängt,
Um immer ihn zu tragen.

Elisabeth Langgässer
1899–1950

FRÜHLING 1946
– für Cordelia –

Holde Anemone,
bist du wieder da
und erscheinst mit heller Krone
Mir Geschundenem zum Lohne
wie Nausikaa?

Windbewegtes Bücken,
Woge, Schaum und Licht!
Ach, welch sphärisches Entzücken
nahm dem staubgebeugten Rücken
endlich sein Gewicht?

Aus dem Reich der Kröte
steige ich empor,
unterm Lid noch Plutons Röte
und des Totenführers Flöte
grässlich noch im Ohr.

Sah in Gorgos Auge
eisenharten Glanz,
ausgesprühte Lügenlauge
hört ich flüstern, daß sie tauge
mich zu töten ganz.

Anemone! Küssen
laß mich dein Gesicht:
Ungespiegelt von den Flüssen
Styx und Lethe, ohne Wissen
um das Nein und Nicht.

Ohne zu verführen,
lebst und bist du da,
still mein Herz zu rühren,
ohne es zu schüren –
Kind Nausikaa!

Daphne

Du siehst, wo sich der Waldhang weitet,
die Espe zitternd niederwehn,
dem Brand des Himmels hingebreitet,
von Gras und Habichtskraut begleitet,
die ärmlich in den Winter gehn.

Doch auch das Dunkel einer Mauer,
wenn sie am Saum der Städte lebt,
berührt oft ihrer Krone Schauer,
an dem du dieser Zeiten Trauer
ermissest, da sie grundlos bebt.

Sie wurzelt mühsam im Gerölle,
das sie verfolgt, indem es hält –
und vor Begrenzung, Maß und Kelle
flieht Daphne in das Laubgefälle
und steht am Rande unsrer Welt.

Marie Luise Kaschnitz
1901–74

Hiroshima

Der den Tod auf Hiroshima warf
Ging ins Kloster, läutet dort die Glocken.
Der den Tod auf Hiroshima warf
Sprang vom Stuhl in die Schlinge, erwürgte sich.
Der den Tod auf Hiroshima warf
Fiel in Wahnsinn, wehrt Gespenster ab
Hunderttausend, die ihn angehen nächtlich,
Auferstandene aus Staub für ihn.

Nichts von alledem ist wahr.
Erst vor kurzem sah ich ihn
Im Garten seines Hauses vor der Stadt.
Die Hecken waren noch jung und die Rosenbüsche zierlich.
Das wächst nicht so schnell, daß sich einer verbergen könnte
Im Wald des Vergessens. Gut zu sehen war
Das nackte Vorstadthaus, die junge Frau
Die neben ihm stand im Blumenkleid
Das kleine Mädchen an ihrer Hand
Der Knabe der auf seinem Rücken saß
Und über seinem Kopf die Peitsche schwang.
Sehr gut erkennbar war er selbst
Vierbeinig auf dem Grasplatz, das Gesicht
Verzerrt von Lachen, weil der Photograph
Hinter der Hecke stand, das Auge der Welt.

Genazzano

Genazzano am Abend
Winterlich
Gläsernes Klappern
Der Eselshufe

Steilauf die Bergstadt.
Hier stand ich am Brunnen
Hier wusch ich mein Brauthemd
Hier wusch ich mein Totenhemd:
Mein Gesicht lag weiß
Im schwarzen Wasser
Im wehenden Laub der Platanen.
Meine Hände waren
Zwei Klumpen Eis
Fünf Zapfen an jeder
Die klirrten.

Nicht gesagt

Nicht gesagt
Was von der Sonne zu sagen gewesen wäre
Und vom Blitz nicht das einzige Richtige
Geschweige denn von der Liebe.

Versuche. Gesuche. Mißlungen
Ungenaue Beschreibung

Weggelassen das Morgenrot
Nicht gesprochen vom Sämann
Und nur am Rande vermerkt
Den Hahnenfuß und das Veilchen.

Euch nicht den Rücken gestärkt
Mit ewiger Seligkeit
Den Verfall nicht geleugnet
Und nicht die Verzweiflung

Den Teufel nicht an die Wand
Weil ich nicht an ihn glaube
Gott nicht gelobt
Aber wer bin ich daß

Am Strande

Heute sah ich wieder dich am Strand
Schaum der Wellen dir zu Füßen trieb
Mit dem Finger grubst du in den Sand
Zeichen ein, von denen keines blieb.

Ganz versunken warst du in dein Spiel
Mit der ewigen Vergänglichkeit
Welle kam und Stern und Kreis zerfiel
Welle ging und du warst neu bereit.

Lachend hast du dich zu mir gewandt
Ahntest nicht den Schmerz, den ich erfuhr
Denn die schönste Welle zog zum Strand
Und sie löschte deiner Füße Spur.

Die Katze

Die Katze, die einer fand, in der Baugrube saß sie und schrie.
Die erste Nacht, und die zweite, die dritte Nacht.
Das erste Mal ging er vorüber, dachte an nichts
Trug das Geschrei in den Ohren, fuhr auf aus dem Schlaf.
Das zweite Mal beugte er sich in die verschneite Grube
Lockte vergeblich den Schatten, der dort umherschlich.
Das dritte Mal sprang er hinunter, holte das Tier.
Nannte es Katze, weil ihm kein Name einfiel.
Und die Katze war bei ihm sieben Tage lang.
Ihr Pelz war gesträubt, ließ sich nicht glätten.
Wenn er heimkam, abends, sprang sie ihm auf die Brust,
                                                  ohrfeigte ihn.
Der Nerv ihres linken Auges zuckte beständig.
Sie sprang auf den Vorhang im Korridor, krallte sich fest
Schwang hin und her, daß die eisernen Ringe klirrten.
Alle Blumen, die er heimbrachte, fraß sie auf.

Sie stürzte die Vasen vom Tisch, zerfetzte die Blütenblätter.
Sie schlief nicht des Nachts, saß am Fuß seines Bettes
Sah ihn mit glühenden Augen an.
Nach einer Woche waren seine Gardinen zerfetzt
Seine Küche lag voll von Abfall. Er tat nichts mehr
Las nicht mehr, spielte nicht mehr Klavier
Der Nerv seines linken Auges zuckte beständig.
Er hatte ihr eine Kugel aus Silberpapier gemacht
Die sie lange geringschätzte. Aber am siebenten Tag
Legte sie sich auf die Lauer, schoß hervor
Jagte die silberne Kugel. Am siebenten Tag
Sprang sie auf seinen Schoß, ließ sich streicheln und schnurrte.
Da kam er sich vor wie einer, der große Macht hat.
Er wiegte sie, bürstete sie, band ihr ein Band um den Hals.
Doch in der Nacht entsprang sie, drei Stockwerke tief
Und lief, nicht weit, nur dorthin, wo er sie
Gefunden hatte. Wo die Weidenschatten
Im Mondlicht wehten. An der alten Stelle
Flog sie von Stein zu Stein im rauhen Felle
Und schrie.

Die Kinder dieser Welt

Die Kinder dieser Welt hab ich gesehen.
Mein Bruder hatte sie eingeladen
Über die sieben Berge zu fahren.
Über die sieben Berge fuhren
Die Kinder dieser Welt.

Auf dem ersten Berg war Jahrmarkt.
Die Kinder riefen, halt an.
Da tanzten über dem Rasenzelt
Milchblaue Bälle mit Nasen.
Haben, riefen die Kinder der Welt.

Auf dem zweiten Berg lief der Sturmwind
Und die Kinder schrien, hol ein.
Sie stampften und griffen ins Steuerrad
Sie ließen die Hupe gellen.
Ich weiß nicht, was mein Bruder tat
Um ihrer Herr zu sein.

Auf dem dritten Berg stand die Nebelkuh
Und leckte über das Gras.
Da machten die Kinder die Augen zu
Sie fragten, sind wir nicht blaß?
Wir stürzen in die tiefe Schlucht.
Wer weiß, wer unsre Knöchlein sucht.
Sterben, sagten die Kinder der Welt.

Auf dem vierten Berg war ein Wasser.
Und mein Bruder sagte, vorbei.
Da wollten die Kinder ihn schlagen
Sie sprangen vom fahrenden Wagen
Mitten in den See.
Sie schwammen dort in der Runde
Tief unten am steinigen Grunde
Wie die Kinder der Lilofee.

Auf dem fünften Berg schien die Sonne
Wie sieben Sonnen klar.
Da streckten die Kinder die Arme aus
Und beugten sich weit zu den Fenstern heraus
Mit wehendem Haar
Und winkten und sangen laut dabei
Wie süß die sündige Liebe sei.
Küssen, sangen die Kinder der Welt.

Um den sechsten Berg schlich der Mondmann
Klein und gebückt.
Seinen Hund an der Leine.
Da rückten die Kinder zusammen.
Mein Vater ist verrückt

Mein Bruder hat keine Beine
Meine Mutter ist fortgegangen
Kommt nicht zurück ...

Auf dem siebenten Berg war kein Haus
Und mein Bruder sagte, steigt aus.
Da wurden sie alle traurig
Und ließen die Luftballons los
Und das lieblichste übergab sich
Gerade in seinen Schoß.

Sie gingen eins hierhin, eins dorthin
Die kleinen Fäuste geballt
Und wir hörten sie noch von ferne
Trotzig singen im Wald.

AUFERSTEHUNG

Manchmal stehen wir auf
Stehen wir zur Auferstehung auf
Mitten am Tage
Mit unserem lebendigen Haar
Mit unserer atmenden Haut.

Nur das Gewohnte ist um uns.
Keine Fata Morgana von Palmen
Mit weidenden Löwen
Und sanften Wölfen.

Die Weckuhren hören nicht auf zu ticken
Ihre Leuchtzeiger löschen nicht aus.

Und dennoch leicht
Und dennoch unverwundbar
Geordnet in geheimnisvolle Ordnung
Vorweggenommen in ein Haus aus Licht.

JUNI

Schön wie niemals sah ich jüngst die Erde.
Einer Insel gleich trieb sie im Winde.
Prangend trug sie durch den reinen Himmel
Ihrer Jugend wunderbaren Glanz.

Funkelnd lagen ihre blauen Seen,
Ihre Ströme zwischen Wiesenufern.
Rauschen ging durch ihre lichten Wälder,
Große Vögel folgten ihrem Flug.

Voll von jungen Tieren war die Erde.
Fohlen jagten auf den grellen Weiden,
Vögel reckten schreiend sich im Neste,
Gurrend rührte sich im Schilf die Brut.

Bei den roten Häusern im Holunder
Trieben Kinder lärmend ihre Kreisel.
Singend flochten sie auf gelben Wiesen
Ketten sich aus Halm und Löwenzahn.

Unaufhörlich neigten sich die grünen
Jungen Felder in des Windes Atem,
Drehten sich der Mühlen schwere Flügel,
Neigten sich die Segel auf dem Haff.

Unaufhörlich trieb die junge Erde
Durch das siebenfache Licht des Himmels.
Flüchtig nur wie einer Wolke Schatten
Lag auf ihrem Angesicht die Nacht.

Rose Ausländer
1901–1988

WANN ZIEHN WIR EIN

Wann ziehn wir ein
ins besamte Wort
Löwenzahnhaus
feingesponnen
im luftfarbnen Licht

Kein Luftschloß
Wortall
jedes Wort
in der Kugel
ein Samen

Wann graben wir aus
den verschütteten Quell
werfen alle Münzen
in den Brunnen
schöpfen Wassersterne
für die Löwenzahnwiese

Wann ziehn wir ein
in den Löwenzahnstern
ins besamte Wort

Mascha Kaléko
1907–75

IM EXIL

Ich hatte einst ein schönes Vaterland –
So sang schon der Flüchtling Heine.
Das seine stand am Rheine,
Das meine auf märkischem Sand.

Wir alle hatten einst ein (siehe oben!)
Das fraß die Pest, das ist im Sturm zerstoben.
O, Röslein auf der Heide,
Dich brach die Kraftdurchfreude.

Die Nachtigallen werden stumm,
Sahn sich nach sicherm Wohnsitz um,
Und nur die Geier schreien
Hoch über Gräberreihen.

Das wird nie wieder, wie es war,
Wenn es auch anders wird.
Auch, wenn das liebe Glöcklein tönt,
Auch wenn kein Schwert mehr klirrt.

Mir ist zuweilen so, als ob
Das Herz in mir zerbrach.
Ich habe manchmal Heimweh.
Ich weiß nur nicht, wonach …

Hilde Domin
1909–2006

Nur eine Rose als Stütze

Ich richte mir ein Zimmer ein in der Luft
unter den Akrobaten und Vögeln:
mein Bett auf dem Trapez des Gefühls
wie ein Nest im Wind
auf der äußersten Spitze des Zweigs.

Ich kaufe mir eine Decke aus der zartesten Wolle
der sanftgescheitelten Schafe die
im Mondlicht
wie schimmernde Wolken
über die feste Erde ziehn.

Ich schließe die Augen und hülle mich ein
in das Vlies der verläßlichen Tiere.
Ich will den Sand unter den kleinen Hufen spüren
und das Klicken des Riegels hören,
der die Stalltür am Abend schließt.

Aber ich liege in Vogelfedern, hoch ins Leere gewiegt.
Mir schwindelt. Ich schlafe nicht ein.
Meine Hand
greift nach einem Halt und findet
nur eine Rose als Stütze.

Ich will dich

Freiheit
ich will dich
aufrauhen mit Schmirgelpapier
du geleckte

(die ich meine
meine
unsere
Freiheit von und zu)
Modefratz

du wirst geleckt
mit Zungenspitzen
bis du ganz rund bist
Kugel
auf allen Tüchern

Freiheit Wort
das ich aufrauhen will
ich will dich mit Glassplittern spicken
daß man dich schwer auf die Zunge nimmt
und du niemandes Ball bist

dich
und andere
Worte möchte ich mit Glassplittern spicken
wie Konfuzius befiehlt
der alte Chinese

die Eckenschale sagt er
duß
Ecken haben
sagt er
oder der Staat geht zugrunde

nichts weiter sagt er
ist vonnöten
nennt
das Runde rund
und das Eckige eckig

Drei Arten Gedichte aufzuschreiben
1

Ein trockenes Flussbett
ein weißes Band von Kieselsteinen
von weitem gesehen
hierauf wünsche ich zu schreiben
in klaren Lettern
oder eine Schutthalde
Geröll
gleitend unter meine Zeilen
wegrutschend
damit das heikle Leben meiner Worte
ihr Dennoch
ein Dennoch jedes Buchstabens sei

Drei Arten Gedichte aufzuschreiben
2

Kleine Buchstaben
genaue
damit die Worte leise kommen
damit die Worte sich einschleichen
damit man hingehen muss
zu den Worten
sie suchen in dem weißen
Papier
leise
man merkt nicht wie sie eintreten
durch die Poren
Schweiß der nach innen rinnt

Angst
meine
unsere
und das Dennoch jedes Buchstabens

DREI ARTEN GEDICHTE AUFZUSCHREIBEN
3

Ich will einen Streifen Papier
so groß wie ich
ein Meter sechzig
darauf ein Gedicht
das schreit
sowie einer vorübergeht
schreit in schwarzen Buchstaben
das etwas Unmögliches verlangt
Zivilcourage zum Beispiel
diesen Mut den kein Tier hat
Mit-Schmerz zum Beispiel
Solidarität statt Herde
Fremd-Worte
heimisch zu machen im Tun

Mensch
Tier das Zivilcourage hat
Mensch
Tier das den Mit-Schmerz kennt
Mensch Fremdwort-Tier Wort-Tier
Tier
das Gedichte schreibt
Gedicht
das Unmögliches verlangt
von jedem der vorbeigeht
dringend
unabweisbar
als rufe es
»Trink Coca-Cola«

Mit leichtem Gepäck

Gewöhn dich nicht.
Du darfst dich nicht gewöhnen.
Eine Rose ist eine Rose.
Aber ein Heim
ist kein Heim.

Sag dem Schoßhund Gegenstand ab
der dich anwedelt
aus den Schaufenstern.
Er irrt. Du
riechst nicht nach Bleiben.

Ein Löffel ist besser als zwei.
Häng ihn dir um den Hals,
du darfst einen haben,
denn mit der Hand
schöpft sich das Heiße zu schwer.

Es liefe der Zucker dir durch die Finger,
wie der Trost,
wie der Wunsch,
an dem Tag
da er dein wird.

Du darfst einen Löffel haben,
eine Rose,
vielleicht ein Herz
und, vielleicht,
ein Grab.

Christine Lavant
1915–73

Es riecht nach Weltenuntergang
viel stärker als nach Obst und Korn,
der Vogel, der am Mittag sang,
dreht jetzt sein Opfer auf den Dorn,
ergreifend flach und ohne Schein
schiebt sich der Mond herein

Hochsommernacht und so voll Frost!
Das Windrad geht verzweifelt um,
die Sterne scheinen nicht bei Trost,
denn jeder dreht sich wild herum,
bevor er zuckend untergeht
Wie eben mein Gebet.

War das der zwölfte Stundenschlag
und mittendrin ein Hahnenschrei?
Es klang so nach dem Jüngsten Tag –
mein Herz tanzt jetzt als hohles Ei
vor meinem eigenen Gesicht,
und das ist das Gericht.

Wieder brach er bei dem Nachbarn ein,
und ich hatte Tür und Fenster offen,
meine Augen waren vollgesoffen
wie zwei Schwämme vom Verlassensein.

Dumm verknäulte sich in meinem Mund
Schluchzen, Bitten und verbohrtes Drohen,
während drüben schon die Hühner flohen
samt der Katze und dem alten Hund.

Doch er kam nicht, nahm sich wieder nur
einen, der noch gerne leben wollte,
und die Monduhr, die verrückte, rollte
ihre Zeiger rasch aus meiner Spur.

Bitter trocknen mir die Augen ein,
bitter rinnt der Schlaftrunk durch die Kehle,
bitter bet' ich für die arme Seele
und zerkaue mein Verlassensein.

Unica Zürn
1916–1970

Ich weiss nicht, wie man die Liebe macht

Wie ich weiss, »macht« man die Liebe nicht.
Sie weint bei einem Wachslicht im Dach.
Ach, sie wächst im Lichten, im Winde bei
Nacht. Sie wacht im weichen Bilde, im Eis
des Niemals, im Bitten: wache, wie ich. Ich
weiss, wie ich macht man die Liebe nicht.

Ilse Aichinger
*1921

GEBIRGSRAND

Denn was täte ich,
wenn die Jäger nicht wären, meine Träume,
die am Morgen
auf der Rückseite der Gebirge
niedersteigen, im Schatten.

BRIEFWECHSEL

Wenn die Post nachts käme
und der Mond
schöbe die Kränkungen
unter die Tür:
Sie erschienen wie Engel
in ihren weißen Gewändern
und stünden still im Flur.

WINTERANTWORT

Die Welt ist aus dem Stoff,
der Betrachtung verlangt:
keine Augen mehr,
um die weißen Wiesen zu sehen,
keine Ohren, um im Geäst
das Schwirren der Vögel zu hören.
Großmutter, wo sind deine Lippen hin,
um die Gräser zu schmecken,
und wer riecht uns den Himmel zu Ende,
wessen Wangen reiben sich heute
noch wund an den Mauern im Dorf?

Ist es nicht ein finsterer Wald,
in den wir gerieten?
Nein, Großmutter, er ist nicht finster,
ich weiß es, ich wohnte lang
bei den Kindern am Rande,
und es ist auch kein Wald.

Widmung

Ich schreibe euch keine Briefe,
aber es wäre mir leicht, mit euch zu sterben.
Wir ließen uns sacht die Monde hinunter,
und läge die erste Rast noch bei den wollenen Herzen,
die zweite fände uns schon mit Wölfen und Himbeergrün
und dem nichts lindernden Feuer, die dritte, da wär ich
durch das fallende dünne Gewölk mit seinen spärlichen
                                        Moosen
und das arme Gewimmel der Sterne, das wir so leicht
in eurem Himmel bei euch.   [überschritten,

Friederike Mayröcker
*1924

AN EINE MOHNBLUME MITTEN IN DER STADT

aus meinen Köpfen sprießt
das Feuerwerk der Tränen, der
Flieder rostet, der Liguster
weht, die Camouflage des
Sommers läßt Gewitter ahnen –
Wolfsmilch besamt die Flur, die
Stare fallen, Mücken
flirren im Dorngebüsch, das
abgewelkte Blühen einer
Wolke von erbsengrüner Kirschenfrucht
gekrönt –
samt aufgeprägten kaiserlichen
Doppeladlern – Portraits auf roten Ziegeln – bröckelt
die Friedhofsmauer ab
gestützt nur noch von immergrünen
Efeuranken –
im Aufwind flügelschlagend
steht
raubvogelgleich mein Herz nach Beute äugend

Ingeborg Bachmann
1926–73

Die gestundete Zeit

Es kommen härtere Tage.
Die auf Widerruf gestundete Zeit
wird sichtbar am Horizont.
Bald mußt du den Schuh schnüren
und die Hunde zurückjagen in die Marschhöfe.
Denn die Eingeweide der Fische
sind kalt geworden im Wind.
Ärmlich brennt das Licht der Lupinen.
Dein Blick spurt im Nebel:
die auf Widerruf gestundete Zeit
wird sichtbar am Horizont.

Drüben versinkt dir die Geliebte im Sand,
er steigt um ihr wehendes Haar,
er fällt ihr ins Wort,
er befiehlt ihr zu schweigen,
er findet sie sterblich
und willig dem Abschied
nach jeder Umarmung.

Sieh dich nicht um.
Schnür deinen Schuh.
Jag die Hunde zurück.
Wirf die Fische ins Meer.
Lösch die Lupinen!

Es kommen härtere Tage.

Alle Tage

Der Krieg wird nicht mehr erklärt,
sondern fortgesetzt. Das Unerhörte
ist alltäglich geworden. Der Held
bleibt den Kämpfen fern. Der Schwache
ist in die Feuerzonen gerückt.
Die Uniform des Tages ist die Geduld,
die Auszeichnung der armselige Stern
der Hoffnung über dem Herzen.

Er wird verliehen,
wenn nichts mehr geschieht,
wenn das Trommelfeuer verstummt,
wenn der Feind unsichtbar geworden ist
und der Schatten ewiger Rüstung
den Himmel bedeckt.

Er wird verliehen
für die Flucht von den Fahnen,
für die Tapferkeit vor dem Freund,
für den Verrat unwürdiger Geheimnisse
und die Nichtachtung
jeglichen Befehls.

Die grosse Fracht

Die große Fracht des Sommers ist verladen,
das Sonnenschiff im Hafen liegt bereit,
wenn hinter dir die Möwe stürzt und schreit.
Die große Fracht des Sommers ist verladen.

Das Sonnenschiff im Hafen liegt bereit,
und auf die Lippen der Galionsfiguren
tritt unverhüllt das Lächeln der Lemuren.
Das Sonnenschiff im Hafen liegt bereit.

Wenn hinter dir die Möwe stürzt und schreit,
kommt aus dem Westen der Befehl zu sinken;
doch offnen Augs wirst du im Licht ertrinken,
wenn hinter dir die Möwe stürzt und schreit.

Erklär mir, Liebe

Dein Hut lüftet sich leis, grüßt, schwebt im Wind,
dein unbedeckter Kopf hat's Wolken angetan,
dein Herz hat anderswo zu tun,
dein Mund verleibt sich neue Sprachen ein,
das Zittergras im Land nimmt überhand,
Sternblumen bläst der Sommer an und aus,
von Flocken blind erhebst du dein Gesicht,
du lachst und weinst und gehst an dir zugrund,
was soll dir noch geschehen –

Erklär mir, Liebe!

Der Pfau, in feierlichem Staunen, schlägt sein Rad,
die Taube stellt den Federkragen hoch,
vom Gurren überfüllt, dehnt sich die Luft,
der Entrich schreit, vom wilden Honig nimmt
das ganze Land, auch im gesetzten Park
hat jedes Beet ein goldner Staub umsäumt.

Der Fisch errötet, überholt den Schwarm
und stürzt durch Grotten ins Korallenbett.
Zur Silbersandmusik tanzt scheu der Skorpion.
Der Käfer riecht die Herrlichste von weit;
hätt ich nur seinen Sinn, ich fühlte auch,
daß Flügel unter ihrem Panzer schimmern,
und nähm den Weg zum fernen Erdbeerstrauch!
Erklär mir, Liebe!

Wasser weiß zu reden,
die Welle nimmt die Welle an der Hand,
im Weinberg schwillt die Traube, springt und fällt.
So arglos tritt die Schnecke aus dem Haus!

Ein Stein weiß einen andern zu erweichen!

Erklär mir, Liebe, was ich nicht erklären kann:
sollt ich die kurze schauerliche Zeit
nur mit Gedanken Umgang haben und allein
nichts Liebes kennen und nichts Liebes tun?
Muß einer denken? Wird er nicht vermißt?

Du sagst: es zählt ein andrer Geist auf ihn ...
Erklär mir nichts. Ich seh den Salamander
durch jedes Feuer gehen.
Kein Schauer jagt ihn, und es schmerzt ihn nichts.

Anrufung des grossen Bären

Großer Bär, komm herab, zottige Nacht,
Wolkenpelztier mit den alten Augen,
Sternenaugen,
durch das Dickicht brechen schimmernd
deine Pfoten mit den Krallen,
Sternenkrallen,
wachsam halten wir die Herden,
doch gebannt von dir, und mißtrauen
deinen müden Flanken und den scharfen
halbentblößten Zähnen,
alter Bär.

Ein Zapfen: eure Welt.
Ihr: die Schuppen dran.
Ich treib sie, roll sie
von den Tannen im Anfang
zu den Tannen am Ende,

schnaub sie an, prüf sie im Maul
und pack zu mit den Tatzen.

Fürchtet euch oder fürchtet euch nicht!
Zahlt in den Klingelbeutel und gebt
dem blinden Mann ein gutes Wort
daß er den Bären an der Leine hält.
Und würzt die Lämmer gut.

's könnt sein, daß dieser Bär
sich losreißt, nicht mehr droht
und alle Zapfen jagt, die von den Tannen
gefallen sind, den großen, geflügelten,
die aus dem Paradiese stürzten.

Reklame

Wohin aber gehen wir
ohne sorge sei ohne sorge
wenn es dunkel und wenn es kalt wird
sei ohne sorge
aber
mit Musik
was sollen wir tun
heiter und mit Musik
und denken
heiter
angesichts eines Endes
mit Musik
und wohin tragen wir
am besten
unsre Fragen und den Schauer aller Jahre
in die Traumwäscherei ohne sorge sei ohne sorge
was aber geschieht
am besten
wenn Totenstille

eintritt

An die Sonne

Schöner als der beachtliche Mond und sein geadeltes Licht,
Schöner als die Sterne, die berühmten Orden der Nacht,
Viel schöner als der feurige Auftritt eines Kometen
Und zu weit Schönerem berufen als jedes andre Gestirn,
Weil dein und mein Leben jeden Tag an ihr hängt, ist die Sonne.

Schöne Sonne, die aufgeht, ihr Werk nicht vergessen hat
Und beendet, am schönsten im Sommer, wenn ein Tag
An den Küsten verdampft und ohne Kraft gespiegelt die Segel
Über dein Aug ziehn, bis du müde wirst und das letzte verkürzt.

Ohne die Sonne nimmt auch die Kunst wieder den Schleier,
Du erscheinst mir nicht mehr, und die See und der Sand,
Von Schatten gepeitscht, fliehen unter mein Lid.

Schönes Licht, das uns warm hält, bewahrt und wunderbar [sorgt,
Daß ich wieder sehe und dass ich dich wiederseh!

Nichts Schönres unter der Sonne als unter der Sonne zu sein ...

Nichts Schönres als den Stab im Wasser zu sehn und den
                                                                    Vogel oben,
Der seinen Flug überlegt, und unten die Fische im Schwarm,

Gefärbt, geformt, in die Welt gekommen mit einer Sendung
                                                                    von Licht,
Und den Umkreis zu sehn, das Geviert eines Felds, das
                                                           Tausendeck meines Lands
Und das Kleid, das du angetan hast. Und dein Kleid, glockig
                                                                       und blau!

Schönes Blau, in dem die Pfauen spazieren und sich verneigen,
Blau der Fernen, der Zonen des Glücks mit den Wettern für
                                                                     mein Gefühl,
Blauer Zufall am Horizont! Und meine begeisterten Augen
Weiten sich wieder und blinken und brennen sich wund.

Schöne Sonne, der vom Staub noch die größte Bewundrung
gebührt,
Drum werde ich nicht wegen dem Mond und den Sternen und
nicht,
Weil die Nacht mit Kometen prahlt und in mir einen Narren
sucht,
Sondern deinetwegen und bald endlos und wie um nichts sonst
Klage führen über den unabwendbaren Verlust meiner Augen.

Nebelland

Im Winter ist meine Geliebte
unter den Tieren des Waldes.
Daß ich vor Morgen zurückmuß,
weiß die Füchsin und lacht.
Wie die Wolken erzittern! Und mir
auf den Schneekragen fällt
eine Lage von brüchigem Eis.

Im Winter ist meine Geliebte
ein Baum unter Bäumen und lädt
die glückverlassenen Krähen
ein in ihr schönes Geäst. Sie weiß,
daß der Wind, wenn es dämmert,
ihr starres, mit Reif besetztes
Abendkleid hebt und mich heimjagt.

Im Winter ist meine Geliebte
unter den Fischen und stumm.
Hörig den Wassern, die der Strich
ihrer Flossen von innen bewegt,
steh ich am Ufer und seh,
bis mich Schollen vertreiben,
wie sie taucht und sich wendet.

Und wieder vom Jagdruf des Vogels
getroffen, der seine Schwingen
über mir steift, stürz ich
auf offenem Feld: sie entfiedert
die Hühner und wirft mir ein weißes
Schlüsselbein zu. Ich nehm's um den Hals
und geh fort durch den bitteren Flaum.

Treulos ist meine Geliebte,
ich weiß, sie schwebt manchmal
auf hohen Schuh'n nach der Stadt,
sie küßt in den Bars mit dem Strohhalm
die Gläser tief auf den Mund,
und es kommen ihr Worte für alle.
Doch diese Sprache verstehe ich nicht.

Nebelland hab ich gesehen,
Nebelherz hab ich gegessen.

Das Spiel ist aus

Mein lieber Bruder, wann bauen wir uns ein Floß
und fahren den Himmel hinunter?
Mein lieber Bruder, bald ist die Fracht zu groß
und wir gehen unter.

Mein lieber Bruder, wir zeichnen aufs Papier
viele Länder und Schienen.
Gib acht, vor den schwarzen Linien hier
fliegst du hoch mit den Minen.

Mein lieber Bruder, dann will ich an den Pfahl
gebunden sein und schreien.
Doch du reitest schon aus dem Totental
und wir fliehen zu zweien.

Wach im Zigeunerlager und wach im Wüstenzelt,
es rinnt uns der Sand aus den Haaren,
dein und mein Alter und das Alter der Welt
mißt man nicht mit den Jahren.

Laß dich von listigen Raben, von klebriger Spinnenhand
und der Feder im Strauch nicht betrügen,
iß und trink auch nicht im Schlaraffenland,
es schäumt Schein in den Pfannen und Krügen.

Nur wer an der goldenen Brücke für die Karfunkelfee
das Wort noch weiß, hat gewonnen.
Ich muß dir sagen, es ist mit dem letzten Schnee
im Garten zerronnen.

Von vielen, vielen Steinen sind unsre Füße so wund.
Einer heilt. Mit dem wollen wir springen,
bis der Kinderkönig, mit dem Schlüssel zu seinem Reich
uns holt, und wir werden singen: [im Mund

Es ist eine schöne Zeit, wenn der Dattelkern keimt!
Jeder, der fällt, hat Flügel.
Roter Fingerhut ist's, der den Armen das Leichentuch
und dein Herzblatt sinkt auf mein Siegel.   [säumt,

Wir müssen schlafen gehn, Liebster, das Spiel ist aus.
Auf Zehenspitzen. Die weißen Hemden bauschen.
Vater und Mutter sagen, es geistert im Haus,
wenn wir den Atem tauschen.

Böhmen liegt am Meer

Sind hierorts Häuser grün, tret ich noch in ein Haus.
Sind hier die Brücken heil, geh ich auf gutem Grund.
Ist Liebesmüh in alle Zeit verloren, verlier ich sie hier gern.

Bin ich's nicht, ist es einer, der ist so gut wie ich.

Grenzt hier ein Wort an mich, so laß ichs grenzen.
Liegt Böhmen noch am Meer, glaub ich den Meeren wieder.
Und glaub ich noch ans Meer, so hoffe ich auf Land.

Bin ich's, so ists ein jeder, der ist soviel wie ich.
Ich will nichts mehr für mich. Ich will zugrunde gehen.

Zugrund – das heißt zum Meer, dort find ich Böhmen wieder.
Zugrund gerichtet, wach ich ruhig auf.
Von Grund auf weiß ich jetzt, und ich bin unverloren.

Kommt her, ihr Böhmen alle, Seefahrer, Hafenhuren und
Schiffe
unverankert. Wollt ihr nicht böhmisch sein, Illyrer, Veroneser,
und Venezianer alle. Spielt die Komödien, die lachen machen.

Und die zum Weinen sind. Und irrt euch hundertmal,
wie ich mich irrte und Proben nie bestand,
doch hab ich sie bestanden, ein um das andre Mal.

Wie Böhmen sie bestand und eines schönen Tags
Zum Meer begnadigt wurde und jetzt am Wasser liegt.

Ich grenz noch an ein Wort und an ein andres Land,
ich grenz, wie wenig auch, an alles immer mehr,

ein Böhme, ein Vagant, der nichts hat, den nichts hält,
begabt nur noch, vom Meer, das strittig ist, Land meiner Wahl
zu sehen.

Ihr Worte

Für Nelly Sachs, die Freundin,
die Dichterin, in Verehrung

Ihr Worte, auf, mir nach!,
und sind wir auch schon weiter,
zu weit gegangen, geht's noch einmal
weiter, zu keinem Ende geht's.

Es hellt nicht auf.

Das Wort
wird doch nur
andre Worte nach sich ziehn,
Satz den Satz.
So möchte Welt,
endgültig,
sich aufdrängen,
schon gesagt sein.
Sagt sie nicht.

Worte, mir nach,
daß nicht endgültig wird
– nicht diese Wortbegier
und Spruch auf Widerspruch!

Laßt eine Weile jetzt
keins der Gefühle sprechen,
den Muskel Herz
sich anders üben.

Laßt, sag ich, laßt.

Ins höchste Ohr nicht,
nichts, sag ich, geflüstert,
zum Tod fall dir nichts ein,
laß, und mir nach, nicht mild
noch bitterlich,

nicht trostreich,
ohne Trost
bezeichnend nicht,
so auch nicht zeichenlos –

Und nur nicht dies: das Bild
im Staubgespinst, leeres Geroll
von Silben, Sterbenswörter.

Kein Sterbenswort,
Ihr Worte!

MEIN VOGEL

Was auch geschieht: die verheerte Welt
sinkt in die Dämmerung zurück,
einen Schlaftrunk halten ihr die Wälder bereit,
und vom Turm, den der Wächter verließ,
blicken ruhig und steht die Augen der Eule herab.

Was auch geschieht: du weißt deine Zeit,
mein Vogel, nimmst deinen Schleier
und fliegst durch den Nebel zu mir.

Wir äugen im Dunstkreis, den das Gelichter bewohnt.
Du folgst meinem Wink, stößt hinaus
und wirbelst Gefieder und Fell –

Mein eisgrauer Schultergenoß, meine Waffe,
mit jener Feder besteckt, meiner einzigen Waffe!
Mein einziger Schmuck: Schleier und Feder von dir.

Wenn auch im Nadeltanz unterm Baum
die Haut mir brennt
und der hüfthohe Strauch
mich mit würzigen Blättern versucht,

wenn meine Locke züngelt,
sich wiegt und nach Feuchte verzehrt,
stürzt mir der Sterne Schutt
doch genau auf das Haar,
Wenn ich, vom Rauch behelmt,
wieder weiß, was geschieht,
mein Vogel, mein Beistand des Nachts,
wenn ich befeuert bin in der Nacht,
knistert's im dunklen Bestand,
und ich schlage den Funken aus mir.

Wenn ich befeuert bleib wie ich bin
und vom Feuer geliebt,
bis das Harz aus den Stämmen tritt,
auf die Wunden träufelt und warm
die Erde verspinnt,
(und wenn du mein Herz auch ausraubst des Nachts,
mein Vogel auf Glauben und mein Vogel auf Treu!)
rückt jene Warte ins Licht,
die du, besänftigt,
in herrlicher Ruhe erfliegst –
was auch geschieht.

Exil

Ein Toter bin ich der wandelt
gemeldet nirgends mehr
unbekannt im Reich des Präfekten
überzählig in den goldenen Städten
und im grünenden Land

abgetan lange schon
und mit nichts bedacht

Nur mit Wind mit Zeit und mit Klang

der ich unter Menschen nicht leben kann

Ich mit der deutschen Sprache
dieser Wolke um mich
die ich halte als Haus
treibe durch alle Sprachen

O wie sie sich verfinstert
die dunklen die Regentöne
nur die wenigen fallen

In hellere Zonen trägt dann sie den Toten hinauf

Eine Art Verlust

Gemeinsam benutzt: Jahreszeiten, Bücher und eine Musik.
Die Schlüssel, die Teeschalen, den Brotkorb, Leintücher und
               ein Bett.
Eine Aussteuer von Worten, von Gesten, mitgebracht,
             verwendet, verbraucht.
Eine Hausordnung beachtet. Gesagt. Getan. Und immer die
             Hand gereicht.

In Winter, in ein Wiener Septett und in Sommer habe ich
             mich verliebt.
In Landkarten, in ein Bergnest, in einen Strand und ein Bett.
Einen Kult getrieben mit Daten, Versprechen für unkündbar
             erklärt,
angehimmelt ein Etwas und fromm gewesen von einem Nichts,

(– der gefalteten Zeitung, der kalten Asche, den Zettel mit
             einer Notiz)
furchtlos in der Religion, denn die Kirche war dieses Bett.
Aus dem Seeblick hervor ging meine unerschöpfliche Malerei.
Von dem Balkon herab waren die Völker, meine Nachbarn, zu
             grüßen.

Am Kaminfeuer, in der Sicherheit, hatte mein Haar seine
                                        äußerste Farbe.
Das Klingen an der Tür war der Alarm für meine Freude.

Nicht dich habe ich verloren,
sondern die Welt.

Strömung

So weit im Leben und so nah am Tod,
daß ich mit niemand darum rechten kann,
reiß ich mir von der Erde meinen Teil;

dem stillen Ozean stoß ich den grünen Keil
mitten ins Herz und schwemm mich selber an.

Zinnvögel steigen auf und Zimtgeruch!
Mit meinem Mörder Zeit bin ich allein.
In Rausch und Bläue puppen wir uns ein.

Wahrlich
Für Anna Achmatova

Wem es ein Wort nie verschlagen hat,
und ich sage es euch,
wer bloß sich zu helfen weiß
und mit den Worten –
dem ist nicht zu helfen.
Über den kurzen Weg nicht
und nicht über den langen.
Einen einzigen Satz haltbar zu machen,
auszuhalten in dem Bimbam von Worten.
Es schreibt diesen Satz keiner,
der nicht unterschreibt.

Elisabeth Borchers
*1926

EIA WASSER REGNET SCHLAF

I

eia wasser regnet schlaf
eia abend schwimmt ins gras
wer zum wasser geht wird schlaf
wer zum abend kommt wird gras
weißes wasser grüner schlaf
großer abend kleines gras
es kommt es kommt
ein fremder

II

was sollen wir mit dem ertrunkenen matrosen tun?
wir ziehen ihm die stiefel aus
wir ziehen ihm die weste aus
und legen ihn ins gras

  mein kind im fluß ist's dunkel
  mein kind im fluß ist's naß

was sollen wir mit dem ertrunkenen matrosen tun?
wir ziehen ihm das wasser an
wir ziehen ihm den abend an
und tragen ihn zurück

  mein kind du mußt nicht weinen
  mein kind das ist nur schlaf

was sollen wir mit dem ertrunkenen matrosen tun?
wir singen ihm das wasserlied
wir sprechen ihm das grasgebet
dann will er gern zurück

III

es geht es geht
ein fremder
ins große gras den kleinen abend
im weißen schlaf das grüne naß
und geht zum gras und wird ein abend
und kommt zum schlaf und wird ein naß
eia schwimmt ins gras der abend
eia regnet's wasserschlaf

Christa Reinig
1926–2008

Robinson

manchmal weint er wenn die worte
still in seiner kehle stehn
doch er lernt an seinem orte
schweigend mit sich umzugehn

und erfindet alte dinge
halb aus not und halb im spiel
splittert stein zur messerklinge
schnürt die axt an einen stiel

kratzt mit einer muschelkante
seinen namen in die wand
und der allzu oft genannte
wird ihm langsam unbekannt

Die Ballade vom blutigen Bomme

hochverehrtes publikum
werft uns nicht die bude um
wenn wir albernes berichten
denn die albernsten geschichten
macht der liebe gott persönlich
ich verbleibe ganz gewöhnlich
wenn ich auf den tod von Bomme
meinen freund zu sprechen komme

möge Ihnen nie geschehn
was Sie hier in bildern sehn

zur beweisaufnahme hatte
man die blutige krawatte

keine spur mehr von der beute
auf dem flur sogar die leute
horchen was nach draußen dringt
denn der angeklagte bringt
das gericht zum männchenmachen
und das publikum zum lachen

seht die herren vom gericht
schätzt man offensichtlich nicht

eisentür und eisenbett
dicht daneben das klosett
auch der wärter freut sich sehr
kennt den Mann von früher her
Bomme fühlt sich gleich zuhaus
ruht von seiner arbeit aus
auch ein reicher mann hat ruh
hält sein sarg von innen zu

jetzt geht Bomme dieser mann
und sein reichtum nichts mehr an

sagt der wärter: grüß dich mann
laß dirs gut gehn – denk daran
wärter sieht auch mal vorbei
mach mir keine schererei
essen kriegst du nicht zu knapp
Bomme denn dein kopf muß ab
Bomme ist schon sehr gespannt
und malt männchen an die wand

nein hier hilft kein daumenfalten
Bomme muss den kopf hinhalten

Bomme ist noch nicht bereit
für abendmahl und ewigkeit
kommt der pastor und erzählt
wie sich ein verdammter quält

wie er große tränen weint
und sich wälzet – Bomme meint
das ist alles interessant
und mir irgendwie bekannt

denn was weiß ein frommer christ
wie dem mann zumute ist

auf dem hof wird holz gehauen
Bomme hilft das fallbeil bauen
und er läßt sich dabei zeit
schließlich ist es doch soweit
daß es hoch und heilig ragt
Bomme sieht es an und sagt:
das ist schärfer als faschismus
und probiert den mechanismus

wenn die schwere klinge fällt
spürt er daß sie recht behält

aufstehn kurz vor morgengrauen
das schlägt Bomme ins verdauen
und da friert er – reibt die hände
konzentriert sich auf das ende
möchte gar nicht so sehr beten
lieber schnell aufs klo austreten
doch dann denkt er: einerlei
das geht sowieso vorbei

von zwei peinlichen verfahren
kann er eins am andern sparen

wäre mutter noch am leben
würde es auch tränen geben
aber so bleibt alles sachlich
Bomme wird ganz amtlich-fachlich
ausgestrichen aus der liste
und gelegt in eine kiste

nur ein sträfling seufzt dazwischen
denn er muß das blut aufwischen

bitte herrschaften verzeiht
solche unanständigkeit

doch wer meint das stück war gut
legt ein groschen in den hut

Vor der Abfahrt

Sie kamen und suchten
unter der Bank, im Gepäcknetz
suchten sie jemand.
Danke, sagten sie zu mir.

Auf dem Dach, zwischen den Rädern
suchten sie jemand.
Unter meiner Mütze
suchten sie nicht.

Starr war die Erde.
Da nahm ich den Schnee.
In meiner Manteltasche
nahm ich den Schnee mit.

Hertha Kräftner
1928–1951

Abends

Er schlug nach ihr. Da wurde ihr Gesicht
sehr schmal und farblos wie erstarrter Brei.
Er hätte gern ihr Hirn gesehn. – Das Licht
blieb grell. Ein Hund lief draußen laut vorbei.

Sie dachte nicht an Schuld und Schmerz und nicht
an die Verzeihung. Sie dachte keine Klage.
Sie fühlte nur den Schlag vom nächsten Tage
voraus. Und sie begriff auch diesen nicht.

Dorfabend

Beim weißen Oleander
begruben sie das Kind
und horchten miteinander;
ob nicht der falsche Wind
den Nachbarn schon erzähle,
daß es ein wenig schrie,
eh seine ungetaufte Seele,
im Halstuch der Marie
erwürgt, zum Himmel floh.
Es roch nach Oleander,
nach Erde und nach Stroh;
sie horchten miteinander,
ob nicht der Wind verriete,
daß sie dem toten Knaben
noch eine weiße Margerite
ans blaue Hälschen gaben ...
Sie hörten aber nur
das Rad des Dorfgendarmen,
der pfeifend heimwärts fuhr.
Dann seufzte im Vorübergehn
am Zaun die alte Magdalen:
»Gott hab mit uns Erbarmen.«

Sarah Kirsch
*1935

Bei den weissen Stiefmütterchen

Bei den weißen Stiefmütterchen
im Park wie ers mir auftrug
stehe ich unter der Weide ungekämmte alte blattlos
siehst du sagt sie er kommt nicht

Ach sage ich er hat sich den Fuß gebrochen
eine Gräte verschluckt, eine Straße
wurde plötzlich verlegt oder
er kann seiner Frau nicht entkommen
viele Dinge hindern uns Menschen

Die Weide wiegt sich und knarrt
kann auch sein er ist schon tot
sah blaß aus als er dich untern Mantel küßte
kann sein Weide kann sein
so wollen wir hoffen er liebt mich nicht mehr

Dann werden wir kein Feuer brauchen

Dann werden wir kein Feuer brauchen
es wird die Erde voll Wärme sein
der Wald muß dampfen, die Meere
springen – Wolken die milchigen Tiere
drängen sich; ein mächtiger Wolkenbaum

Die Sonne ist blaß in all dem Glänzen
greifbar die Luft ich halte sie fest
ein hochtönender Wind
treibts in die Augen da weine ich nicht

Wir gehen bloßen Leibs
durch Wohnungen türenlos schattenlos
sind wir allein weil keiner uns folgt niemand
das Lager versagt: stumm
sind die Hunde sie wehren nicht.
den Schritt mir zur Seite: ihre Zungen
aufgebläht ohne Ton sind taub

Nur Himmel umgibt uns und schaumiger Regen Kälte
wird nie mehr sein, die Steine
die ledernen Blumen unsere Körper wie Seide
strahln Wärme aus Helligkeit   [dazwischen
ist in uns wir sind silbernen Leibs

Morgen wirst du im Paradies mit mir sein

Der Droste würde ich gern Wasser reichen
Für Helga

Der Droste würde ich gern Wasser reichen
In alte Spiegel mit ihr sehen, Vögel
Nennen, wir richten unsre Brillen
Auf Felder und Holunderbüsche, gehn
Glucksend übers Moor, der Kiebitz balzt
Ach, würd ich sagen, Ihr Lewin –
Schnaubt nicht schon ein Pferd?

Die Locke etwas leichter – und wir laufen
Den Kiesweg, ich die Spätgeborne
Hätte mit Skandalen aufgewartet – am Spinett
Das kostbar in der Halle steht
Spielen wir vierhändig Reiterlieder oder
Das Verbotne von Villon
Der Mond geht auf – wir sind allein

Der Gärtner zeigt uns Angelwerfen
Bis Lewin in seiner Kutsche ankommt
Schenkt uns Zeitungsfahnen, Schnäpse
Gießen wir in unsre Kehlen, lesen
Beide lieben wir den Kühnen, seine Augen
Sind wie grüne Schattenteiche, wir verstehen
Uns jetzt gründlich auf das Handwerk Fischen

Die Luft riecht schon nach Schnee

Die Luft riecht schon nach Schnee, mein Geliebter
Trägt langes Haar, ach der Winter, der Winter der uns
Eng zusammenwirft steht vor der Tür, kommt
Mit dem Windhundgespann. Eisblumen
Streut er ans Fenster, die Kohlen glühen im Herd, und
Du schönster Schneeweißer legst mir deinen Kopf in den Schoß
Ich sage das ist
Der Schlitten der nicht mehr hält, Schnee fällt uns
Mitten ins Herz, er glüht
Auf den Aschekübeln im Hof Darling flüstert die Amsel

Wiepersdorf 9

Dieser Abend, Bettina, es ist
Alles beim alten. Immer
Sind wir allein, wenn wir den Königen schreiben
Denen des Herzens und jenen
Des Staats. Und noch
Erschrickt unser Herz
Wenn auf der anderen Seite des Hauses
Ein Wagen zu hören ist.

Im Sommer

Dünnbesiedelt das Land.
Trotz riesigen Feldern und Maschinen
Liegen die Dörfer schläfrig
In Buchsbaumgärten; die Katzen
Trifft selten ein Steinwurf.

Im August fallen Sterne.
Im September bläst man die Jagd an.
Noch fliegt die Graugans, spaziert der Storch
Durch unvergiftete Wiesen. Ach, die Wolken
Wie Berge fliegen sie über die Wälder.

Wenn man hier keine Zeitung hält
Ist die Welt in Ordnung.
In Pflaumenmuskesseln
Spiegelt sich schön das eigne Gesicht und
Feuerrot leuchten die Felder.

Schwarze Bohnen

Nachmittags nehme ich ein Buch in die Hand
nachmittags lege ich ein Buch aus der Hand
nachmittags fällt mir ein es gibt Krieg
nachmittags vergesse ich jedweden Krieg
nachmittags mahle ich Kaffee
nachmittags setze ich den zermahlenen Kaffee
rückwärts zusammen schöne
schwarze Bohnen
nachmittags ziehe ich mich aus mich an
erst schminke dann wasche ich mich
singe bin stumm

Karin Kiwus
*1942

IM ERSTEN LICHT

Wenn wir uns gedankenlos getrunken haben
aus einem langen Sommerabend
in eine kurze heiße Nacht
wenn die Vögel dann früh
davonjagen aus gedämpften Färbungen
in den hellen tönenden frischgespannten Himmel

wenn ich dann über mir in den Lüften
weit und feierlich mich dehne
in den mächtigen Armen meiner Toccata

wenn du dann neben mir im Bett
deinen auslandenden Klangkörper bewegst
dich dumpf aufrichtest und zur Tür gehst

und wenn ich dann im ersten Licht
deinen fetten Arsch sehe
deinen Arsch
verstehst du
deinen trüben verstimmten ausgeleierten Arsch

dann weiß ich wieder
daß ich dich nicht liebe
wirklich
daß ich dich einfach nicht liebe.

Ulla Hahn
*1946

ANSTÄNDIGES SONETT

> *Schreib doch mal*
> *ein anständiges Sonett*
> St. H.

Komm beiß dich fest ich halte nichts
vom Nippen. Dreimal am Anfang küß
mich wo's gut tut. Miß
mich von Mund zu Mund. Mal angesichts

der Augen mir Ringe um
und lass mich springen unter
der Hand in deine. Zeig mir wie's drunter
geht und drüber. Ich schreie ich bin stumm.

Bleib bei mir. Warte. Ich komm wieder
zu mir zu dir dann auch
»ganz wie ein Kehrreim schöner alter Lieder«.

Verreib die Sonnenkringel auf dem Bauch
mir ein und allemal. Die Lider
halt mir offen. Die Lippen auch.

WINTERLIED

Als ich heute von dir ging
fiel der erste Schnee
und es machte sich mein Kopf
einen Reim auf Weh.

Denn es war die Kälte nicht
die die Tränen mir
in die Augen trieb es war
vielmehr Ungereimtes.

Ach da warst du schon zu weit
als ich nach dir rief
und dich fragte wer die Nacht
in deinen Reimen schlief.

Ars poetica

Danke ich brauch keine neuen
Formen ich stehe auf
festen Versesfüßen und alten
Normen Reimen zu Hauf

zu Papier und zu euren
Ohren bring ich was klingen soll
klingt mir das Lied aus den
Poren rinnen die Zeilen voll

und über und drüber und drunter
und drauf und dran und wohlan
und das hat mit ihrem Singen
die Loreley getan.

Kerstin Hensel
*1961

VITA

Wem dient ich? dient ich nicht
Dem eignen Schwein
Wem sagt ich (halbwegs züngelnd) was
Allein zu sagen mir den Kopf bedrohlich knicken
Ließ? Und alles bog man
Ab zum Nicken!
Nach Maulschelln heischt ich, da mich
Dieses rühmte, doch bläht sich mir das
Haupt vom Streicheln.
Das Speicheln hinter mir, vor mir das Schmeicheln.
Ich bin zerschlagen, vor ich schlage: was
Mich trifft.
Seh ich mich an und weiß: ich fresse Gift –
Es schluckt das Ekle mich, weil ich
Es bin. So häng ich
An dem alten
Simplen Sehnen: sein was
Nicht anficht – und erwach:
Zu viele Höfe waren für mich lohnend
Der ich, im Hinterhofe wohnend,
Doch nur das Saure, nicht die Sau rausließ.
Ist was vorbei? Bin ich
Der Mächtigen Konterfei
Des Machtlosen nun frei?

Nachweis der ausgewerteten Sammlungen

Die nachfolgende Auflistung ist die aus dem Jahr 2004. In den vorliegenden Band sind etliche weitere Sammlungen eingeflossen. Leider ist Hans Braam verstorben, bevor er die nachfolgende Liste aktualisieren konnte.

Zeitraum bis 1860 (Z_1)

1693 Weise, Christian: *Curiöse Gedancken von Deutschen Versen*
1740 Hoere, Johann Gottfried: *Edle Früchte Deutscher Poeten nach gesundem Geschmack für die lehrbegierige Jugend ausgesucht*
1768 Weitenauer, Ignaz: *Sammlung kürzerer Gedichte meistens aus neuern deutschen Dichtern*
  Sulzer, Johann Georg: *Vorübungen zur Erweckung der Aufmerksamkeit und des Nachdenkens*
1775 Zumkley, Caspar: *Poetische Chrestomathie, oder Muster der deutschen Poesie*
1776 Rochow, Eberhard von: *Der Kinderfreund. Ein Lesebuch zum Gebrauch in Landschulen*
1778 Eschenburg, Johann Joachim: *Auserlesene Stücke der besten Deutschen Dichter*, 3. Band
1784 Jais, Aegidius: *Lesebuch für meine Schüler zur Bildung ihres Herzens*
1796 Vetterlein, C. F. R.: *Chrestomathie deutscher Gedichte*, 1. und 2. Band
1799 Reinhardt, J. G.: *Der Mädchenspiegel oder Lesebuch für Töchter*
1804 *Poetische Blumenlese zur Erklärung, zum Deklamiren und Auswendiglernen für Schulen*
1803–07 Matthisson, Friedrich: *Lyrische Anthologie*, Band 1–20
1807 Bacher, B.: *Der Mädchenfreund. Ein Lehr- und Lesebuch für Mädchenschulen*
1809 Vetterlein, C. F. R.: *Deutsche Anthologie, oder Auswahl deutscher Gedichte*, Band 1
1810 Vetterlein, C. F. R.: *Deutsche Anthologie, oder Auswahl deutscher Gedichte*, Band 2
  Seidenstücker, Johann Heinrich Philipp: *Deklamatorisches Lesebuch für mittlere und obere Schulklassen*
1811 Hermann, Karl Wilhelm: *Pantheon der deutschen Dichter*
  Ziegenbein, J. W. H.: *Lesebuch für Deutschlands Töchter*, Teil 1 und 2

1815 Becker, Rudolf Zacharias: *Mildheimisches Lieder-Buch von acht hundert lustigen und ernsthaften Gesängen [...]*
1817 Seber, F. J.: *Sammlung von Mustern deutscher Dichter für Gymnasien*
1818 Stelzer, Alan Matthäus: *Theoretisch praktische Anleitung zur deutschen Dichtkunst für den öffentlichen und Privatunterricht*
[1819] Solbrig, C. F.: *Gedichte, Fabeln und Erzählungen zu Declamations-Uebungen für die Jugend*
1821 Erhard, Heinrich August: *Handbuch der teutschen Sprache*, 1. Cursus
1823 Bürgerschule Leipzig: *Sammlung von Gebeten, Liedern, poetischen Erzählungen und Fabeln*
1825 Seber, F. J.: *Sammlung von Mustern deutscher Dichter für die drei obern Klassen der Gymnasien*
1826 Erhard, Heinrich August: *Handbuch der teutschen Sprache*, 3. Cursus
1827 Hempel, Carl Friedrich: *Der Volksschulenfreund, ein Hülfsbuch zum Lesen, Denken und Lernen*
1829 Kriegk, G. L.: *Deutsches Lesebuch. Eine Sammlung von Musterstücken in Prosa und Poesie*
1831 Hülstett, Georg Karl Anton: *Sammlung ausgewählter Stücke aus den Werken deutscher Prosaiker u. Gymnasien, für die 3. und 2. Klasse*; ders.: *Dass., für die 4. Klasse*
1834 Hülstett, G. K. A.: *Sammlung ausgewählter Stücke aus den Werken deutscher Prosaiker u. Gymnasien, für die 5. Klasse*
1835 Scherr, J. Th.: *Der Bildungsfreund, ein Lesebuch für den häuslichen Kreis und für höhere Volksschulen*
1836 Echtermeyer, Theodor: *Auswahl deutscher Gedichte für die untern und mittlern Classen gelehrter Schulen*
1838 Wackernagel, Philipp: *Auswahl deutscher Gedichte für höhere Schulen*
  Viehoff, H.: *Ausgewählte Stücke deutscher Dichter*, Band 1 und 2
1839 Rietz, C. F. A.: *Deutsches Lesebuch für die untere Bildungsstufe der Gymnasien*
1840 Schwab, Gustav: *Fünf Bücher deutscher Lieder und Gedichte von A. von Haller bis auf die neueste Zeit*
  Bone, Heinrich: *Deutsches Lesebuch. 1. Teil für die unteren und mittleren Klassen der Gymnasien*
1842 Echtermeyer, Theodor: *Auswahl deutscher Gedichte für gelehrte Schulen*

1843 Sartorius, R.: *Lebensspiegel. Ein deutsches Lesebuch für Schule und Haus. Abteilung I. Mittelklassen*
Wackernagel, Philipp: *Deutsches Lesebuch*, 1. Teil
1844 Wolff, Oscar Ludwig Bernhard: *Poetischer Hausschatz des deutschen Volkes. Vollständigste Sammlung deutscher Gedichte*
Wackernagel, Philipp: *Deutsches Lesebuch*, 2. Teil, 3. Teil
1845 Pütz, W./H. J. Remacly: *Deutsches Lesebuch für die obern Klassen höherer Lehranstalten*
1847 Wackernagel, Wilhelm: *Proben der Deutschen Poesie seit dem Jahre 1500. Deutsches Lesebuch*, 2. Teil
Schulze, H./W. Steinmann: *Kinderschatz. Deutsches Lesebuch für Elementarklassen, 2 Abteilungen*; dies.: *Dass., für das Früheste Jugendalter, 4 Stufen*
1850 Grube, A. W.: *Deutsche Geschichten in deutschen Gedichten*
1851 Berthelt, August/Julius Jäkel u. a.: *Lebensbilder III. Lesebuch für Oberklassen deutscher Volksschulen*
1852 Echtermeyer, Theodor: *Auswahl deutscher Gedichte, neu von Robert Heinrich Hiecke*
[1854] Bone, Heinrich: *Deutsches Lesebuch. 2. Teil in den oberen Klassen der Gymnasien*
1854 Adalbert Stifter/J. Aprent: *Lesebuch zur Förderung humaner Bildung in Realschulen*
1857 Preuß, A. E./J. A. Vetter: *Preußischer Kinderfreund. Ein Lesebuch für Volksschulen*
1858 Eberhard, Gerold: *Lesebuch für die Mittel- und Oberklassen schweizerischer Volksschulen*, Teil 1 und 2

Zeitraum 1860–1920 (Z_2)

1860 Koenig, Robert: *Weibliches Leben*
1869 Echtermeyer, Theodor: *Auswahl deutscher Gedichte, neu von Friedrich August Eckstein*
1870 Bonnell, H. E.: *Auswahl deutscher Gedichte*
Götzinger, Max Wilhelm: *Dichtersaal*
1873 Hansen, Karl: *Deutsches Lesebuch*, 5 Bände
Wolf, H. L.: *Mustersammlung deutscher Gedichte für Gymnasien, Real- und höhere Bürgerschulen sowie für Privat-Institute*
1875 Storm, Theodor: *Hausbuch aus deutschen Dichtern seit Claudius. Eine kritische Anthologie*
Leimbach, C. L.: *Ausgewählte deutsche Dichtungen*, 1. Teil

1876	Ders.: *Dass.*, 2. Teil; Ders.: *Perlen lyrischer und epischer Poesie für Schule und Haus*
1877	Berger, Wilhelm: *Erläuterungen zum Lesebuch für Volksschulen*. 3 Teile, 2 Bände
	Gude, C.: *Erläuterungen deutscher Dichtungen*, 4. Reihe
1878	Kehr, C.: *Theoretisch-praktische Anweisung zur Behandlung deutscher Lesestücke*
	Lüben, August: *Auswahl charakteristischer Dichtungen und Prosastücke*, 2. Teil
	Gude, C.: *Erläuterungen deutscher Dichtungen*, 3. Reihe
1879	Schulz, Otto: *Berlinisches Lesebuch für Schulen. Oberstufe*
	Gude, C.: *Erläuterungen deutscher Dichtungen*, 2. Reihe
1880	Lüben, August: *Auswahl charakteristischer Dichtungen und Prosastücke*, 1. Teil; Ders.: *Auswahl charakteristischer Dichtungen und Prosastücke*, 3. Teil
1881	Gude, C.: *Erläuterungen deutscher Dichtungen*, 1. Reihe
1883	Werth, K. Fr.: *Lehr- und Lesebuch für Handwerker-Fortbildungsschulen*
	Gude, C.: *Erläuterungen deutscher Dichtungen*, 4. Reihe
1885	Echtermeyer, Theodor: *Auswahl deutscher Gedichte*, neu von Hermann Masius
	Dietlein, W.: *Die Poesie in der Volksschule*, Band 1 und 2
	Hopf, J./K. Paulsiek: *Deutsches Lesebuch für höhere Lehranstalten. Sexta*
1888	Haesters, Albert/Philipp Röhm: *Lehr- und Lesebuch für die Oberklassen katholischer Volksschulen [...] Königreich Bayern*
1889	Bone, Heinrich: *Deutsches Lesebuch. 1. Teil für die unteren und mittleren Klassen der Gymnasien*
	Paulsiek, K.: *Deutsches Lesebuch für Vorschulen höherer Lehranstalten. Septima*; ders.: *Dass., Octava*
1890	*Lesebuch für die Königlich Preußischen Unteroffizierschulen*. 1. Teil
1892	Hopf, J./K. Paulsiek: *Deutsches Lesebuch für höhere Lehranstalten. Quinta*; Dies.: *Dass., Sekunda und Prima*
[1893]	Wolff, Oscar Ludwig Bernhard: *Poetischer Hausschatz des deutschen Volkes*, erneuert von Carl Oltrogge
1893	Hopf, J./K. Paulsiek: *Deutsches Lesebuch für höhere Lehranstalten. Quarta*
1894	Hopf, J./K. Paulsiek: *Deutsches Lesebuch für höhere Lehranstalten. Tertia und Untersekunda*

Fix, W.: *Der kleine Kinderfreund. Lesebuch für einfache Schulverhältnisse*
1896 Lüben, August/Carl Nacke: *Lesebuch für Bürgerschulen*, 6. Teil
1897 Colshorn, Theodor: *Des Mägdleins Dichterwald*
Gude, C.: *Erläuterungen deutscher Dichtungen*, 1. Reihe; Ders.: *Dass.*, 2. Reihe; Ders.: *Dass.*, 4. Reihe
1898 Besta, Johann: *Deutsches Lese- und Bildungsbuch für katholische Schullehrer-Seminare*
1899 Kluge, Hermann: *Auswahl Deutscher Gedichte*
1900 Echtermeyer, Theodor: *Auswahl deutscher Gedichte*, neu von Ferdinand Becher
Lyon, Otto: *Auswahl deutscher Gedichte*
1901 Prinz, P.: *Deutscher Dichterhain*
Muff, Chr.: *Deutsches Lesebuch für höhere Lehranstalten. Obertertia*
1902 Heydtmann, Johannes: *Deutsches Lesebuch für Lehrerinnenseminarien 1. Teil, 2. Hälfte: vom Anfang des 19. Jahrhunderts bis zur Gegenwart*
Wacker, K.: *Sammlung deutscher Gedichte für die Mittel- und Oberstufe höherer Mädchenschulen*
Kippenberg, J.: *Deutsche Gedichte für die Mittel- und Oberstufe höherer Mädchenschulen*
Muff, Chr.: *Deutsches Lesebuch für höhere Lehranstalten. Quarta*
Hopf, J./K. Paulsiek: *Deutsches Lesebuch für höhere Lehranstalten. Obersekunda und Prima*
1903 Muff, Chr.: *Deutsches Lesebuch für höhere Lehranstalten. Sexta*
Voigt, Ludwig: *Deutsches Lesebuch für Handelsschulen*
1905 Wacker, Karl: *Auswahl aus der Deutschen Dichtung*. Reihe: *Deutsches Lesebuch für katholische höhere Mädchenschulen*
Bone, Heinrich: *Deutsches Lesebuch. 2. Teil in den oberen Klassen der höheren Lehranstalten*
1906 Goldscheider, Paul: *Lesestücke und Schriftwerke im deutschen Unterricht*. Reihe: *Handbuch des deutschen Unterrichts an höheren Schulen*
[1909] Loewenberg, Jakob: *Vom goldnen Überfluß. Eine Auswahl aus neuern deutschen Dichtern für Schule und Haus*
1909 Literarische Kommission der Lehrervereine: *Was die Zeiten reiften. Gedichte aus acht Jahrhunderten*
Consbruch, M./Fr. Klincksieck: *Deutsche Lyrik des 19. Jahrhunderts. Auswahl für die oberen Klassen höherer Lehranstalten*

1909	Kippenberg, J.: *Deutsche Gedichte für die Mittel- und Oberstufe höherer Mädchenschulen* Porger, Gustav/Eleonore Lemp: *Deutsches Lesebuch für Höhere Mädchenschulen*, 8. Teil Lomberg, August: *Präparationen zu deutschen Gedichten*, 1. Heft, 2. Heft, 3. Heft
1910	Lomberg, August: *Präparationen zu deutschen Gedichten*, 4. Heft, 5. Heft, 6. Heft
1912	Beuschel, Karl/Hans Pfosch: *Lesebuch für Handelsschulen*
1913	Kluge, Hermann: *Auswahl Deutscher Gedichte* Linde, Ernst: *Gudes Erläuterungen Deutscher Dichtungen*, 3. Band
1914	Giradet, Friedrich/Alfred Puls: *Gedichtsammlung für Lehrerseminare* Linde, Ernst: *Gudes Erläuterungen Deutscher Dichtungen*, 6. Band
1916	Hopf, J./K. Paulsiek: *Deutsches Lesebuch für höhere Lehranstalten. Tertia und Untersekunda*
1918	Hessel, Karl: *Gedichte aus der Zeit des Weltkrieges. Ein Anhang zu deutschen Lesebüchern*
1919	Kluge, Hermann: *Auswahl Deutscher Gedichte*, neu von Otto Oertel

Zeitraum 1920–1950 (Z_3)

1922	Wustmann, Gustav: *Als der Großvater die Großmutter nahm. Ein Liederbuch*, neu von Anton Kippenberg und Friedrich Michael
1923	Lyon, Otto: *Auswahl deutscher Gedichte*, neu herausgegeben von Jakob Loewenberg
1925	Mayer, Karl Leopold: *Deutsche Gedichte aus vier Jahrhunderten*. Reihe: *Aussaat. Deutsches Lesebuch*. 8. Abteilung
1926	Echtermeyer, Theodor: *Auswahl deutscher Gedichte*, neu von Alfred Rausch Hofstaetter, W.: *Gedichtsammlung*. Reihe: *Wägen und Wirken. Ein deutsches Lese- und Lebensbuch* Gereke, Paul/A. Laudien/R. Tobler: *Deutsches Erbe. Lesebuch für höhere Knabenanstalten Teil 9. Deutsche Gedichte für die Oberklassen*

1928	Gereke, Paul/A. Laudien/R. Tobler: *Deutsches Erbe. Lesebuch in 9 Bänden für höhere Lehranstalten. Teil 9. Deutsche Gedichte für die Oberklassen*
1931	Mayer, Karl Leopold: *Deutsche Gedichte aus vier Jahrhunderten.* Reihe: *Aussaat. Deutsches Lesebuch.* 8. Abteilung
1932	Brüger, V./O. Götze/K. Köhr/P. Vogel: *Aus deutscher Dichtung.* Reihe: *Sammlung neuer Schulbücher für die Thüringer Volksschulen*
1933	Loewenberg, Jakob: *Deutsche Balladen*, neu herausgegeben von Hermann Premer
	Wiese, Benno von: *Politische Lyrik, nach Motiven ausgewählt und geordnet*
[1936]	*Tausendstimmiges Leben. Hirts Sammlung deutscher Gedichte.* 5.–8. Schuljahr
1936	Echtermeyer, Theodor: *Auswahl deutscher Gedichte*, neu von Richard Wittsack
1938	Pfeiffer, Johannes: *Anfechtung und Trost im deutschen Gedicht*
1939–41	Kallbach, Wilhelm: *Deutsches Lesebuch für höhere Schulen. Ausgabe für Jungen*, Bände 1–8
1942	Sailer, Herbert: *Deutsche Gedichte.* Reihe: *Bücherei der Adolf-Hitler-Schulen*
1943	Liese, Hermann: *Das deutsche Hausbuch*
[1947]	Lehrerverband Berlin: *Deutsche Lyrik. Behelfsausgabe*
1949–55	Michaelsen, Heinrich: *Der Türmer. Deutsches Lesebuch für höhere Schulen in acht Bänden*, Band 1–6
1949	Michaelsen, Heinrich: *Der Türmer. Deutsches Lesebuch für höhere Schulen in acht Bänden.* Band 8: Gedichtband für die Oberstufe

Zeitraum ab 1950 (Z_4)

1953	Krefting, Walter: *Weg und Ziel. Ein Lesebuch für Schule und Haus*
1955	Arends, Felix/Anton Gail/Karl Jacob: *Deutsche Gedichte.* Reihe: *Der Strom*
1958	Reiners, Ludwig: *Der ewige Brunnen. Ein Volksbuch deutscher Dichtung*
	Radbruch, Gustav: *Lyrisches Lebensgeleite von Eichendorff bis Rilke*

1959	Forster, Leonard: *The Penguin Book Of German Verse. With Plain Prose Translations Of Each Poem* Weyrauch, Wolfgang: *Expeditionen. Deutsche Lyrik seit 1945*
1960	Echtermeyer, Theodor: *Deutsche Gedichte*, neu von Benno von Wiese
[1961]	Bender, Ernst: *Deutsche Dichtung der Neuzeit für die Oberstufe höherer Schulen*. 1962 (1), 1963 (2) *Aus deutscher Dichtung*. Neuausgabe, Band 1: Klasse 9 und 10; Band 2: Klasse 11; Band 3: Klasse 12
1963	Bingel, Horst: *Deutsche Lyrik. Gedichte seit 1945*
1964	Ras, G. [...]/M. M. Boldingh: *Goldene Worte deutscher Dichter. Eine Auswahl deutscher Gedichte aus Vergangenheit und Gegenwart*
1965	Bachmann, Fritz/Herbert Chiout: *Gedichtsammlung*. Reihe: *Die neue Silberfracht. 5. bis 10. Schuljahr*
1967	Berger, Uwe/Günther Deicke: *Deutsches Gedichtbuch*
1968	Wagenbach, Klaus: *Lesebuch. Deutsche Literatur der sechziger Jahre*
1969	Müller, Friedrich/Ursula Schminke u. a.: *Kompaß. Ein Lesewerk.* Band 1: Klasse 5 und 6; Band 2: Klasse 7 und 8; Band 3: Klasse 9–11
1971	Frank, Karl Otto/Ursula Heise/Rudolf Nikolaus Maier: *Lesebuch. A (Gymnasium) Oberstufe. Lyrik*
1972	Berger, Uwe/Günther Deicke: *Lyrik der DDR* Geißler, Werner/Hans Braam/Gustav Driesen: *Literarisches Arbeitsbuch für die Fachoberschule. Teil I: Lyrik*
1970–73	Frank, Karl Otto/Ursula Heise, Rudolf Nikolaus Maier u.a.: *Lesebuch A (Gymnasium) 5. bis 10. Schuljahr*
1973	Thum, Bernd: *Arsenal. Poesie deutscher Minderdichter vom 16. bis zum 20. Jahrhundert*
1977	Conrady, Karl Otto: *Das große deutsche Gedichtbuch* Hamburger, Michael: *German Poetry 1910–1975. An Anthology Translated and Edited by M. H.* *Lieblingsgedichte. Carlo Schmid zum 80. Geburtstag von seinen Freunden*
1972–77	Hebel, Franz: *Lesen Darstellen Begreifen. Lese- und Arbeitsbuch für den Literatur- und Sprachunterricht*
1978	Pinkerneil, Beate: *Das große deutsche Balladenbuch*
1980	Klusen, Ernst: *Deutsche Lieder. Texte und Melodien*
1983	Bender, Hans: *Deutsche Gedichte 1930–1960* Carstens, Karl: *Deutsche Gedichte*

1984	Bode, Dietrich: **Deutsche Gedichte. Eine Anthologie**
1990	Echtermeyer, Theodor: *Deutsche Gedichte*, neu von Benno von Wiese; *das 20. Jahrhundert* […] *von* E. K. Paefgen
1992	Marquardt, Axel: *100 Jahre Lyrik. Deutsche Gedichte aus zehn Jahrzehnten*
1993	Urbanek, Walter: *lyrische signaturen. zeichen und zeiten im deutschen gedicht*
	Kunkel, Klaus: *Zwölf deutsche Gedichte*
1995	Drews, Jörg: *Das bleibt. Deutsche Gedichte 1945–1995*
1999	Hentig, Hartmut von: *Meine deutschen Gedichte*
	Hahn, Ulla: *Gedichte fürs Gedächtnis*
2000	Simm, Hans-Joachim: *Deutsche Gedichte aus zwölf Jahrhunderten*
	Conrady, Karl Otto: *Das große deutsche Gedichtbuch. Der neue Conrady*
2001	Killy, Walther: *Deutsche Lyrik von den Anfängen bis zur Gegenwart in 10 Bänden*
	Hagestedt, Lutz [Nachwort]: *Die Lieblingsgedichte der Deutschen*
	Strößner, Günter Adam: *Deutsche Gedichte*. CD 1–5
1976–2003	Reich-Ranicki, Marcel: *Frankfurter Anthologie,* Band 1–26
2003	Härtling, Peter: *Lebensalter*
2004	Gernhardt, Robert/K. C. Zehrer: *Hell und Schnell. 555 komische Gedichte aus 5 Jahrhunderten*

Rangfolge nach Abdruckhäufigkeit

G	Z_1	Z_2	Z_3	Z_4^*	Gedichtanfang (Autorin)
56	–	18	11	27	O, schaurig ist's, übers … (Droste-Hülshoff)
43	–	4	8	31	Ich steh' auf hohem Balkone … (Droste-Hülshoff)
42	–	2	11	29	Süße Ruh, süßer Taumel … (Droste-Hülshoff)
31	5	13	4	9	Müde bin ich, geh' zur Ruh, (Hensel)
30	–		1	29	Deine Seele, die die meine … (Lasker-Schüler)
26	–	17	6	3	Wie lauscht, vom Abend… (Droste-Hülshoff)
25	–	12	8	5	Er liegt so still im Morgenlicht (Droste-Hülshoff)
23	–		1	22	Es ist ein Weinen in der Welt (Lasker-Schüler)
23	–			23	Es kommen härtere Tage (Bachmann)
23	–			23	Ich habe zu Hause ein blaues … (Lasker-Schüler)
22	–	1	6	15	Wie sank die Sonne glüh … (Droste-Hülshoff)
21	–	2	9	10	Horch, Kind, horch, wie der Sturmwind … (Huch)
21	–	1	10	10	In der dunkelnden Halle saßen sie (Miegel)
20	–	6	6	8	Als jüngst die Nacht … (Droste-Hülshoff)
20	–			20	Der Krieg wird nicht mehr erklärt (Bachmann)
20	–		1	19	Holde Anemone (Langgässer)
20	––			20	Wer die tiefste aller Wunden (Günderode)
19	–		3	16	Ich suche allerlanden eine Stadt (Lasker-Schüler)
19	–			19	Schaust du mich an … (Droste-Hülshoff)
18	–	4	5	9	An des Balkones Gitter … (Droste-Hülshoff)
18	–			18	Der den Tod auf Hiroshima warf (Kaschnitz)
18	–	6	3	9	Der Kapitän steht an der Spiere (Droste-Hülshoff)
18	–			18	Die große Fracht des Sommers … (Bachmann)
18	–			18	Manchmal weint er wenn die worte (Reinig)
18	–		3	15	Unsterblich duften die Linden (Seidel)
17	–	1	11	5	Als Herrn Ulrichs Witib … (Miegel)
17	–			17	Dein Hut lüftet sich leis, grüßt … (Bachmann)
17	–		10	7	Die Frauen von Nidden standen … (Miegel)
17	–	4	3	10	Ein kleines Lied, wie geht's … (Ebner-Eschenbach)
15	–		5	10	Ach, um deine feuchten Schwingen, (Willemer)
15	–	8	4	3	Geht, Kinder, nicht zu weit … (Droste-Hülshoff)
15	–			15	Großer Bär, komm herab, … (Bachmann)
15	–	10	1	4	Im grün verhangnen duftigen … (Droste-Hülshoff)

* G = Gesamtabdruckzahl; Z_1 = bis 1860, Z_2 = 1860–1920, Z_3 = 1920–1950, Z_4 = 1950 – heute

G	Z₁	Z₂	Z₃	Z₄	Gedichtanfang (Autorin)
15	–		7	8	Um bei dir zu sein, (Huch)
14	–			14	Hochverehrtes publikum (Reinig)
14	–			14	Komm zu mir in der Nacht … (Lasker-Schüler)
14	–		2	12	Uralter Worte kundig kommt die Nacht (Huch)
14	–	1	8	5	Von dem Turme im Dorfe klingt (Huch)
14	6	7	1		Was willst du, Fernando … (Brachmann)
14	–			14	Wohin aber gehen wir (Bachmann)
13	–	7	3	3	Ein Krämer hatte eine Frau, (Droste-Hülshoff)
13	–			13	ein wasser regnet schlaf (Borchers)
13	–		1	12	Mein Herz, mein Löwe, hält seine Beute fest (Huch)
13	–			13	Schöner als der beachtliche Mond … (Bachmann)
12	–		2	10	Das Jahr geht um, (Droste-Hülshoff)
12	–		5	7	Der Anger dampft, es kocht … (Droste-Hülshoff)
12	–	6	2	4	Dunkel, dunkel im Moor (Droste-Hülshoff)
12	–			12	Im Winter ist meine Geliebte (Bachmann)
12	–			12	Wir Geretteten (Sachs)
11	–	1	8	2	Ich brachte in siebzig Jahren …(Strauss u. Torney)
11	1		1	9	Ich denke dein, wenn sich im Blütenregen (Brun)
11	–			11	Mein lieber Bruder, wann bauen … (Bachmann)
10	–		1	9	Der Fels wird morsch (Lasker-Schüler)
10	–			10	Es ist der Tag im Nebel völlig … (Lasker-Schüler)
10	–		1	9	Es wird ein großer Stern … (Lasker-Schüler)
10	–		2	8	Geliebte, wenn mein Geist … (Droste-Hülshoff)
10	–			10	Genazzano am Abend (Kaschnitz)
10	–	2	2	6	Ich stand an deines Landes … (Droste-Hülshoff)
10	–			10	Ich will die Nacht um mich ziehen … (Kolmar)
10	–		8	2	Mit wuchtigen Knien (Seidel)
10	–			10	Nicht gesagt (Kaschnitz)
10	–	3	3	4	O sieh doch! Siehst du nicht … (Droste-Hülshoff)
10	–			10	Sind hierorts Häuser grün, tret ich … (Bachmann)
9	–	7	2		's gibt Gräber, wo die Klage … (Droste-Hülshoff)
9	–		1	8	Aber du kamst nie mit dem … (Lasker-Schüler)
9	–	3	5	1	Als Christus lag im Hain … (Droste-Hülshoff)
9	–			9	Denn was täte ich (Aichinger)
9	–			9	Hochbeglückt in deiner Liebe (Willemer)
9	–	–	3	6	Und wenn ich selbst längst … (Strauss u. Torney)
8	–	3	1	4	Das eilende Schiff, es … (Ebner-Eschenbach)
8	–	–	–	8	Des Weinstocks Saftgewächse ward (Karsch)

G	Z_1	Z_2	Z_3	Z_4	Gedichtanfang (Autorin)
8	–	–	5	3	Die runde Säge hängt ihm um den Hals (Seidel)
8	–	–	–	8	Du kamst zu mir, mein Abgott ... (Huch)
8	–	–	3	5	Es gehen so viele Straßen ... (Strauss u. Torney)
8	–	–	1	7	Freuderfüller, Früchtebringer ...(Greiffenberg)
8	–	–	2	6	Hinter meinen Augen stehen ... (Lasker-Schüler)
8	–	–	4	4	Ich hörte heute morgen (Miegel)
8	–	–	–	8	Ich kann die Sprache (Lasker-Schüler)
8	–	–	–	8	Ich, der brennende Wüstenwind (Lasker-Schüler)
8	–	–	–	8	Ihr Worte, auf, mir nach! (Bachmann)
8	–	–	–	8	Komm beiß dich fest ich halte nichts (Hahn)
8	–	4	3	1	Mit nackten Füßchen am Wegesrand, (Kurz)
8	–	6	–	2	Nun still! – Du an den ... (Droste-Hülshoff)
8	–	–	–	8	Schiffer, zieh fort die Brücke (Fort)
8	–	7	1	–	Sie saß am Fensterrand ... (Droste-Hülshoff)
8	–	–	1	7	So gern hätt ich ein schönes ... (Droste-Hülshoff)
8	–	–	–	8	Was auch geschieht: Die verheerte ... (Bachmann)
8	–	–	2	6	Was bedeutet die Bewegung? (Willemer)
7	2	5	–	–	Ach hätt' ich Engelszungen, (Hensel)
7	–	4	1	2	Ach, wie ist's möglich dann, (Chézy)
7	–	–	–	7	Als ich heute von dir ging (Hahn)
7	–	2	4	1	Auf des Braunschweigers ... (Strauss u. Torney)
7	–	–	–	7	Du hast ein dunkles Lied ... (Lasker-Schüler)
7	–	–	1	6	Du siehst, wo sich der Waldhang ... (Langgässer)
7	–	–	–	7	Er schlug nach ihr. Da wurde ihr Gesicht (Kräftner)
7	–	–	–	7	Heute sah ich wieder dich am Strand (Kaschnitz)
7	–	–	–	7	Ich bin fremd (Kolmar)
7	–	1	4	2	Jetzt kommt die Nacht, die erste Nacht ... (Kurz)
7	–	–	–	7	Kein Wort, und wär es scharf ... (Droste-Hülshoff)
7	–	–	–	7	O reiche Armut! Gebend seliges ... (Günderode)
7	–	–	–	7	Sie kamen und suchten (Reinig)
7	–	–	–	7	Wenn die Post nachts käme (Aichinger)
7	1	2	1	3	Wenn ich erwache, denk' ich dein, (Karsch)
7	–	–	1	6	Wir sind von einem edlen Stamm genommen (Fort)
6	–	–	–	6	Bei den weißen Stiefmütterchen (Kirsch)
6	–	–	–	6	Beim weißen Oleander (Kräftner)
6	–	–	–	6	Dann werden wir kein Feuer brauchen (Kirsch)
6	–	–	–	6	Der Droste würde ich gern Wasser reichen (Kirsch)
6	–	–	6	–	Der Tag hing grau in den ... (Strauss u. Torney)

G	Z_1	Z_2	Z_3	Z_4	Gedichtanfang (Autorin)
6	–	–	–	6	Die Katze, die einer fand, in der … (Kaschnitz)
6	–	–	–	6	Die Kinder dieser Welt hab ich gesehen (Kaschnitz)
6	–	–	–	6	Die Luft riecht schon nach Schnee … (Kirsch)
6	–	–	–	6	Die Welt ist aus dem Stoff (Aichinger)
6	–	–	–	6	Dieser Abend, Bettina, es ist (Kirsch)
6	–	–	–	6	Du innig' Rot, (Günderode)
6	–	–	–	6	Du ungesehner Blitz du … (Greiffenberg)
6	–	–	–	6	Dünnbesiedelt das Land (Kirsch)
6	–	–	–	6	Ein Toter bin ich der wandelt (Bachmann)
6	–	–	–	6	Ich hatte einst ein schönes Vaterland (Kaléko)
6	–	–	–	6	Ich richte mir ein Zimmer ein in der Luft (Domin)
6	–	–	–	6	Ich stehe gern vor dir, (Droste-Hülshoff)
6	–	–	–	6	Ich weiß, daß ich bald sterben … (Lasker-Schüler)
6	1	5	–	–	Immer muß ich wieder lesen (Hensel)
6	–	–	–	6	Jakob war der Büffel seiner Herde (Lasker-Schüler)
6	–	–	–	6	Kleine Buchstaben (Domin)
6	–	–	–	6	Manchmal stehen wir auf (Kaschnitz)
6	–	–	–	6	O die Schornsteine (Sachs)
6	–	–	4	2	Sie sangen am Herd, als die Flamme schied (Miegel)
6	–	–	–	6	Tief in den Himmel verklingt (Huch)
6	–	–	–	6	Wann ziehn wir ein (Ausländer)
6	–	1	2	3	Was ist in deiner Seele (Huch)
6	–	6	–	–	Wenn dich Menschen kränken (Hensel)
6	–	–	–	6	Wenn wir uns gedankenlos getrunken … (Kiwus)
6	–	–	1	5	Wir wollen wie der Mondenschein (Lasker-Schüler)
6	–	–	–	6	Wo hast du all die Schönheit hergenommen (Huch)
5	–	–	–	5	Alle Eisenbahnen dampfen in meine … (Kolmar)
5	–	–	–	5	aus meinen Köpfen sprießt (Mayröcker)
5	–	–	–	5	Danke ich brauch keine neuen (Hahn)
5	–	–	2	3	Dies sind die liebsten Tage mir im Jahr (Miegel)
5	–	–	–	5	Du sollst minnen das Nicht (von Magdeburg)
5	–	1	2	2	Ein Spiegelsaal. Gelächter. Mummen… (Gaudy)
5	–	–	–	5	Ein trockenes Flußbett (Domin)
5	–	–	4	1	Einmal vor manchem Jahre (Huch)
5	–	–	–	5	Es hat ein Kuß mir Leben … (Günderode)
5	–	–	–	5	Es riecht nach Weltenuntergang (Lavant)
5	–	–	–	5	Es schien der Mond gar helle (Arnim)
5	–	–	–	5	Freiheit (Domin)

G	Z₁	Z₂	Z₃	Z₄	Gedichtanfang (Autorin)
5	–	–	–	5	Gefahren bin ich in … (Günderode)
5	–	–	–	5	Gemeinsam benutzt: Jahreszeiten … (Bachmann)
5	–	–	–	5	Gewöhn dich nicht (Domin)
5	–	–	4	1	Hell strömt aus Schluchten der … (Huch)
5	–	–	–	5	Ich liege in den Nächten (Lasker-Schüler)
5	–	–	–	5	Ich schreibe euch keine Briefe (Aichinger)
5	–	–	–	5	Ich will einen Streifen Papier (Domin)
5	–	–	3	2	Musik bewegt mich, daß ich dein gedenke (Huch)
5	–	–	–	5	Nachmittags nehme ich ein Buch … (Kirsch)
5	–	–	3	2	O tiefes Wunder, daß in dir (Seidel)
5	–	–	4	1	Oben am Berge sangen alle … (Strauss u. Torney)
5	–	–	–	5	Schön wie niemals sah ich jüngst … (Kaschnitz)
5	–	–	–	5	So weit im Leben und so nah am Tod (Bachmann)
5	–	–	–	5	Wem dient ich? dient ich nicht (Hensel, K.)
5	–	–	–	5	Wem es ein Wort nie verschlagen hat (Bachmann)
5	–	–	–	5	Wie ich weiss, »macht« man die Liebe nicht (Zürn)
5	–	–	–	5	Wieder brach er bei dem Nachbar ein (Lavant)
4	–	–	–	4	Du irrst dich. Glaubst du, daß du fern bist (Kolmar)
4	–	–	2	2	Du wehrst den guten und den … (Lasker-Schüler)
4	4	–	–	1	Ein Feind der Kunst, recht klar … (Gottsched)
4	–	2	1	1	Freundeslob und Feindestadel (Ebner-Eschenbach)
4	2	–	1	1	Goldne Abendsonne, (Urner)
4	–	2	1	1	Hoffnung wiegt sich auf dem Aste (Huch)
4	–	–	1	3	Ich weine (Lasker-Schüler)
4	3	–	–	1	Ich weiß eine Farbe, der bin ich so hold (Mereau)
4	3	1	–	–	In tiefster Schlucht im Waldesschloß, (Chézy)
4	–	–	1	3	Jauchzet, Bäume! Vögel, singet! … (Greiffenberg)
4	–	–	–	4	Kenner von dem saphischen Gesange! (Karsch)
4	–	–	–	4	Mir zu Häupten Wolken wandeln (Günderode)
4	–	–	–	4	Nicht alle Schmerzen sind heilbar … (Huch)
4	–	–	–	4	O, ich lernte an Deinem süßen … (Lasker-Schüler)
4	2	–	–	2	Ruhig ist des Todes Schlummer (Wehrs)
4	–	–	–	4	Über dein Gesicht schleichen … (Lasker-Schüler)
4	–	–	–	4	Um meine Augen zieht … (Lasker-Schüler)
4	–	3	–	1	Verständnis für jedwedes Leid (Ebner-Eschenbach)
4	1	3	–	–	Wer mag mit mir sich messen? (Kulmann)
4	–	–	–	4	Wie ein heimlicher Brunnen (Lasker-Schüler)
4	–	–	–	4	Zwischen Erde und Himmel? (Lasker-Schüler)

Verzeichnis der Gedicht*titel* und *-anfänge* mit Abdruckhäufigkeit

	G	Z_1	Z_2	Z_3	Z_4^*
Abends (Kräftner)	7	–	–	–	7
Abendsonne (Urner)	4	2	–	1	1
Aber du kamst nie mit dem … (Lasker-Schüler)	9	–	–	1	8
Abschied (Lasker-Schüler)	9	–	–	1	8
Ach hätt' ich Engelszungen, (Hensel, L.)	7	2	5	–	–
Ach, um deine feuchten Schwingen, (Willemer)	15	–	–	5	10
Ach, wie ist's möglich dann, (Chézy)	7	–	4	1	2
Agnes Bernauerin (Miegel)	6	–	–	4	2
Alle Eisenbahnen dampfen in meine … (Kolmar)	5	–	–	–	5
Alle Tage (Bachmann)	20	–	–	–	20
Als Christus lag im Hain … (Droste-Hülshoff)	9	–	3	5	1
Als Herrn Ulrichs Witib in der Kirche … (Miegel)	17	–	1	11	5
Als ich heute von dir ging (Hahn)	7	–	–	–	7
Als jüngst die Nacht dem … (Droste-Hülshoff)	20	–	6	6	8
Am letzten Tag des Jahres (Droste-Hülshoff)	12	–	–	2	10
Am Strande (Kaschnitz)	7	–	–	–	7
Am Turme (Droste-Hülshoff)	43	–	4	8	31
An den Domherrn von Rochow (Karsch)	4	–	–	–	4
An des Balkones Gitter lehnte … (Droste-Hülshoff)	18	–	4	5	9
An die Sonne (Bachmann)	13	–	–	–	13
An ein Mohnblume mitten in … (Mayröcker)	5	–	–	–	5
An Gott (Lasker-Schüler)	4	–	–	2	2
An Gott, als sie bei hellem Mondschein … (Karsch)	7	1	2	1	3
An Levin Schücking (Droste-Hülshoff)	7	–	–	–	7
An meine Mutter (Droste-Hülshoff)	8	–	–	1	7
Anrufung des Großen Bären (Bachmann)	15	–	–	–	15
Anständige Sonett (Hahn)	8	–	–	–	8
Ars poetica (Hahn)	5	–	–	–	5
Auf des Braunschweigers … (Strauss u. Torney)	7	–	2	4	1
Auf die fruchtbringende Herbstzeit (Greiffenberg)	8	–	–	1	7
Auferstehung (Kaschnitz)	6	–	–	–	6
aus meinen Köpfen sprießt (Mayröcker)	5	–	–	–	5

* G = Gesamtabdruckzahl; Z_1 = bis 1860, Z_2 = 1860–1920, Z_3 = 1920–1950, Z_4 = 1950 – heute

	G	Z₁	Z₂	Z₃	Z₄
Bei den weißen Stiefmütterchen (Kirsch)	6	–	–	–	6
Beim weißen Oleander (Kräftner)	6	–	–	–	6
Bestimmung (Huch)	6	–	1	2	3
Böhmen liegt am Meer (Bachmann)	10	–	–	–	10
Briefwechsel (Aichinger)	7	–	–	–	7
Chor der Geretteten (Sachs)	12	–	–	–	12
Danke ich brauch keine neuen (Hahn)	5	–	–	–	5
Dann werden wir kein Feuer brauchen (Kirsch)	6	–	–	–	6
Daphne (Langgässer)	7	–	–	1	6
Das eilende Schiff, es ... (Ebner-Eschenbach)	8	–	3	1	4
Das Haus in der Heide (Droste-Hülshoff)	26	–	17	6	3
Das Hirtenfeuer (Droste-Hülshoff)	12	–	6	2	4
Das Jahr geht um, (Droste-Hülshoff)	12	–	–	2	10
Das Schiff (Ebner-Eschenbach)	8	–	3	1	4
Das Spiegelbild (Droste-Hülshoff)	19	–	–	–	19
Das Spiel ist aus (Bachmann)	11	–	–	–	11
Dein Hut lüftet sich leis, grüßt, ... (Bachmann)	17	–	–	–	17
Deine Seele, die die meine liebte (Lasker-Schüler)	30	–	–	1	29
Dem Barbaren (Lasker-Schüler)	5	–	–	–	5
Denn was täte ich (Aichinger)	9	–	–	–	9
Der Anger dampft, es kocht ... (Droste-Hülshoff)	12	–	–	5	7
Der Blitz (Kulmann)	4	1	3	–	–
Der Brief aus der Heimat (Droste-Hülshoff)	8	–	7	1	–
Der den Tod auf Hiroshima warf (Kaschnitz)	18	–	–	–	18
Der Droste würde ich gern Wasser reichen (Kirsch)	6	–	–	–	6
Der Fels wird morsch (Lasker-Schüler)	10	–	–	1	9
Der Geierpfiff (Droste-Hülshoff)	8	–	6	–	2
Der Haidemann (Droste-Hülshoff)	15	–	8	4	3
Der Kapitän steht an der Spiere (Droste-Hülshoff)	18	–	6	3	9
Der Kaukasus (Günderode)	4	–	–	–	4
Der Knabe im Moor (Droste-Hülshoff)	56	–	18	11	27
Der Krieg wird nicht mehr erklärt (Bachmann)	20	–	–	–	20
Der Kuß im Traume (Günderode)	5	–	–	–	5
Der Luftschiffer (Günderode)	5	–	–	–	5
Der Pflüger (Seidel)	10	–	–	8	2
Der Tag hing grau in den ... (Strauss u. Torney)	6	–	–	6	–
Der Tod des Erzbischofs ... (Droste-Hülshoff)	12	–	–	5	7
Der Weiher (Droste-Hülshoff)	25	–	12	8	5

	G	Z₁	Z₂	Z₃	Z₄
Des Braunschweigers Ende (Strauss und Torney) ..	7	–	2	4	1
Des Weinstocks Saftgewächse ward (Karsch)	8	–	–	–	8
Deutsches Leid (Le Fort)	8	–	–	–	8
Die Ballade vom blutigen Bomme (Reinig)	14	–	–	–	14
Die beschränkte Frau (Droste-Hülshoff)	13	–	7	3	3
Die eine Klage (Günderode)	20	–	–	–	20
Die erste Nacht (Kurz)	7	–	1	4	2
Die Fahrende (Kolmar)	5	–	–	–	5
Die Frauen von Nidden (Miegel)	17	–	–	10	7
Die gestundete Zeit (Bachmann)	23	–	–	–	23
Die große Fracht (Bachmann)	18	–	–	–	18
Die Heimatlosen (Le Fort)	7	–	–	1	6
Die Jüdin (Kolmar)	7	–	–	–	7
Die junge Mutter (Droste-Hülshoff)	15	–	10	1	4
Die Katze (Kaschnitz)	6	–	–	–	6
Die Kinder dieser Welt (Kaschnitz)	6	–	–	–	6
Die Luft riecht schon nach Schnee (Kirsch)	6	–	–	–	6
Die Mutter sinnt bei der Wiege (Seidel)	5	–	–	3	2
Die Nibelungen (Miegel)	21	–	1	10	10
Die runde Säge hängt ihm um den Hals (Seidel) ..	8	–	–	5	3
Die Taxuswand (Droste-Hülshoff)	6	–	–	–	6
Die tote Lerche (Droste-Hülshoff)	10	–	2	2	6
Die Tulipan (Strauss und Torney)	8	–	–	3	5
Die Unbesungenen (Droste-Hülshoff)	9	–	7	2	–
Die Vergeltung (Droste-Hülshoff)	18	–	6	3	9
Die Verlassene (Kolmar)	4	–	–	–	4
Die Verscheuchte (Lasker-Schüler)	10	–	–	–	10
Die Welt ist aus dem Stoff (Aichinger)	6	–	–	–	6
Die Wüste hat zwölf Ding (von Magdeburg)	5	–	–	–	5
Dies sind die liebsten Tage mir im Jahr (Miegel) ..	5	–	–	2	3
Dieser Abend, Bettina, es ist (Kirsch)	6	–	–	–	6
Dorfabend (Kräftner)	6	–	–	–	6
Drei Arten Gedichte aufzuschreiben 1 (Domin) ...	5	–	–	–	5
Drei Arten Gedichte aufzuschreiben 2 (Domin) ...	6	–	–	–	6
Drei Arten Gedichte aufzuschreiben 3 (Domin) ...	5	–	–	–	5
Du hast ein dunkles Lied ... (Lasker-Schüler)	7	–	–	–	7
Du innig' Rot, (Günderode)	6	–	–	–	6
Du irrst dich. Glaubst du, daß du fern bist (Kolmar)	4	–	–	–	4

	G	Z₁	Z₂	Z₃	Z₄
Du kamst zu mir, mein Abgott, ... (Huch)	8	–	–	–	8
Du siehst, wo sich der Waldhang ... (Langgässer)	7	–	–	1	6
Du sollst minnen das Nicht (von Magdeburg)	5	–	–	–	5
Du ungesehner Blitz du ... (Greiffenberg)	6	–	–	–	6
Du wehrst den guten und den ... (Lasker-Schüler)	4	–	–	2	2
Dunkel, dunkel im Moor (Droste-Hülshoff)	12	–	6	2	4
Dünnbesiedelt das Land (Kirsch)	6	–	–	–	6
Durchwachte Nacht (Droste-Hülshoff)	22	–	1	6	15
eia wasser regnet schlaf (Borchers)	13	–	–	–	13
Ein alter Tibetteppich (Lasker-Schüler)	30	–	–	1	29
Ein Feind der Kunst, recht klar ... (Gottsched)	4	4	–	–	1
Ein kleines Lied (Ebner-Eschenbach)	17	–	4	3	10
Ein Krämer hatte eine Frau, (Droste-Hülshoff)	13	–	7	3	3
Ein Liebeslied (Lasker-Schüler)	14	–	–	–	14
Ein Lied (Lasker-Schüler)	8	–	–	2	6
Ein Spiegelsaal. Gelächter. Mummenschanz (Gaudy)	5	–	1	2	2
Ein Toter bin ich der wandelt (Bachmann)	6	–	–	–	6
Ein trockenes Flußbett (Domin)	5	–	–	–	5
Eine Art Verlust (Bachmann)	5	–	–	–	5
Einmal vor manchem Jahre (Huch)	5	–	–	4	1
Einst (Strauss u. Torney)	9	–	–	3	6
Er liegt so still im Morgenlicht (Droste-Hülshoff)	25	–	12	8	5
Er schlug nach ihr. Da wurde ihr Gesicht (Kräftner)	7	–	–	–	7
Erinnerung (Huch)	5	–	–	4	1
Erklär mir, Liebe (Bachmann)	17	–	–	–	17
Es gehen so viele Straßen ... (Strauss u. Torney)	8	–	–	3	5
Es hat ein Kuß mir Leben eingehaucht (Günderode)	5	–	–	–	5
Es ist der Tag im Nebel ... (Lasker-Schüler)	10	–	–	–	10
Es ist ein Weinen in der Welt (Lasker-Schüler)	23	–	–	1	22
Es kommen härtere Tage (Bachmann)	23	–	–	–	23
Es riecht nach Weltenuntergang (Lavant)	5	–	–	–	5
Es schien der Mond gar helle (Arnim)	5	–	–	–	5
Es wird ein großer Stern in ... (Lasker-Schüler)	10	–	–	1	9
Exil (Bachmann)	6	–	–	–	6
Feuerfarb (Mereau)	4	3	–	–	1
Freiheit (Domin)	5	–	–	–	5
Freuderfüller, Früchtebringer, ... (Greiffenberg)	8	–	–	1	7
Freundeslob und Feindestadel (Ebner-Eschenbach)	4	–	2	1	1

	G	Z₁	Z₂	Z₃	Z₄
Frieden (Huch)	14	–	1	8	5
Frühling (Lasker-Schüler)	6	–	–	1	5
Frühling 1946 (Langgässer)	20	–	–	1	19
Gebet (Lasker-Schüler)	19	–	–	3	16
Gebirgsrand (Aichinger)	9	–	–	–	9
Gefahren bin ich in schwankendem … (Günderode)	5	–	–	–	5
Geht, Kinder, nicht zu weit … (Droste-Hülshoff)	15	–	8	4	3
Geliebte, wenn mein Geist … (Droste-Hülshoff)	10	–	–	2	8
Gemeinsam benutzt: Jahreszeiten, … (Bachmann)	5	–	–	–	5
Genazzano (Kaschnitz)	10	–	–	–	10
Gethsemane (Droste-Hülshoff)	9	–	3	5	1
Gewöhn dich nicht (Domin)	5	–	–	–	5
Giselheer dem Heiden (Lasker-Schüler)	4	–	–	1	3
Giselheer dem Tiger (Lasker-Schüler)	4	–	–	–	4
Goldne Abendsonne (Urner)	4	2	–	1	1
Gott (Strauss u. Torney)	6	–	–	6	–
Gott hör … (Lasker-Schüler)	4	–	–	–	4
Gott-lobende Frühlings-Lust (Greiffenberg)	4	–	–	1	3
Großer Bär, komm herab, zottige … (Bachmann)	15	–	–	–	15
Grüne Zeit (Strauss u. Torney)	5	–	–	4	1
Gustav der 3. von Schweden auf … (Gaudy)	5	–	1	2	2
Guter Rat (Hensel, L.)	6	–	6	–	–
Heimweh (Lasker-Schüler)	8	–	–	–	8
Heimweh (Miegel)	8	–	–	4	4
Hell strömt aus Schluchten der … (Huch)	5	–	–	4	1
Heute sah ich wieder dich am Strand (Kaschnitz)	7	–	–	–	7
Hinter meinen Augen stehen … (Lasker-Schüler)	8	–	–	2	6
Hiroshima (Kaschnitz)	18	–	–	–	18
Hochbeglückt in deiner Liebe (Willemer)	9	–	–	–	9
Hochrot (Günderode)	6	–	–	–	6
Hochverehrtes publikum (Reinig)	14	–	–	–	14
Hoffnung (Huch)	4	–	2	1	1
Holde Anemone (Langgässer)	20	–	–	1	19
Horch, Kind, horch, wie der Sturmwind … (Huch)	21	–	2	9	10
Ich bin fremd (Kolmar)	7	–	–	–	7
Ich brachte in siebzig Jahren … (Strauss u. Torney)	11	–	1	8	2
Ich denke dein (Brun)	11	1	–	1	9
Ich, der brennende Wüstenwind (Lasker-Schüler)	8	–	–	–	8

	G	Z₁	Z₂	Z₃	Z₄
Ich habe zu Hause ein blaues ... (Lasker-Schüler)	23	–	–	–	23
Ich hatte einst ein schönes Vaterland – (Kaléko)	6	–	–	–	6
Ich hörte heute morgen (Miegel)	8	–	–	4	4
Ich kann die Sprache (Lasker-Schüler)	8	–	–	–	8
Ich liege in den Nächten (Lasker-Schüler)	5	–	–	–	5
Ich richte mir ein Zimmer ein in der Luft (Domin)	6	–	–	–	6
Ich schreibe euch keine Briefe (Aichinger)	5	–	–	–	5
Ich stand an deines Landes ... (Droste-Hülshoff)	10	–	2	2	6
Ich steh' auf hohem Balkone ... (Droste-Hülshoff)	43	–	4	8	31
Ich stehe gern vor dir, (Droste-Hülshoff)	6	–	–	–	6
Ich suche allerlanden eine Stadt (Lasker-Schüler)	19	–	–	3	16
Ich weine – (Lasker-Schüler)	4	–	–	1	3
Ich weiß ... (Lasker-Schüler)	6	–	–	–	6
Ich weiß eine Farbe, der bin ich so hold (Mereau)	4	3	–	–	1
Ich weiß nicht, wie man die Liebe macht (Zürn)	5	–	–	–	5
Ich will dich (Domin)	5	–	–	–	5
Ich will die Nacht um mich ziehen ... (Kolmar)	10	–	–	–	10
Ich will einen Streifen Papier (Domin)	5	–	–	–	5
Ihr Worte (Bachmann)	8	–	–	–	8
Im ersten Licht (Kiwus)	6	–	–	–	6
Im Exil (Kaléko)	6	–	–	–	6
Im Grase (Droste-Hülshoff)	42	–	2	11	29
Im grün verhangnen duftigen ... (Droste-Hülshoff)	15	–	10	1	4
Im Moose (Droste-Hülshoff)	20	–	6	6	8
Im Sommer (Kirsch)	6	–	–	–	6
Im Winter ist meine Geliebte (Bachmann)	12	–	–	–	12
Immer muß ich wieder lesen (Hensel. L.)	6	1	5	–	–
In der dunkelnden Halle saßen sie (Miegel)	21	–	1	10	10
In tiefster Schlucht im Waldesschloß, (Chézy)	4	3	1	–	–
Jakob (Lasker-Schüler)	6	–	–	–	6
Jauchzet, Bäume! Vögel! singet! ... (Greiffenberg)	4	–	–	1	3
Jesus in der Heiligen Schrift (Hensel, L.)	6	1	5	–	–
Jesus und das Moos (Chézy)	4	3	1	–	–
Jetzt kommt die Nacht, die erste Nacht ... (Kurz)	7	–	1	4	2
Juni (Kaschnitz)	5	–	–	–	5
Kein Wort, und wär es scharf ... (Droste-Hülshoff)	7	–	–	–	7
Kenner von dem saphischen Gesange! (Karsch)	4	–	–	–	4
Kinder am Ufer (Droste-Hülshoff)	10	–	3	3	4

	G	Z₁	Z₂	Z₃	Z₄
Kleine Buchstaben (Domin)	6	–	–	–	6
Kolumbus (Brachmann)	14	6	7	1	–
Komm beiß dich fest ich halte nichts (Hahn)	8	–	–	–	8
Komm zu mir in der Nacht … (Lasker-Schüler)	14	–	–	–	14
Leben (Huch)	5	–	–	4	1
Letzte Ernte (Strauss u. Torney)	11	–	1	8	2
Liebe (Günderode)	7	–	–	–	7
Lob der schwarzen Kirschen (Karsch)	8	–	–	–	8
Manchmal stehen wir auf (Kaschnitz)	6	–	–	–	6
Manchmal weint er wenn die worte (Reinig)	18	–	–	–	18
Mein blaues Klavier (Lasker-Schüler)	23	–	–	–	23
Mein Herz, mein Löwe, hält seine Beute fest (Huch)	13	–	–	1	12
Mein lieber Bruder, wann bauen … (Bachmann)	11	–	–	–	11
Mein Liebeslied (Lasker-Schüler)	4	–	–	–	4
Mein Vogel (Bachmann)	8	–	–	–	8
Mein Volk (Lasker-Schüler)	10	–	–	1	9
Mir zu Häupten Wolken wandeln (Günderode)	4	–	–	–	4
Mit leichtem Gepäck (Domin)	5	–	–	–	5
Mit nackten Füßchen am Wegesrand, (Kurz)	8	–	4	3	1
Mit wuchtigen Knien (Seidel)	10	–	–	8	2
Mondesaufgang (Droste-Hülshoff)	18	–	4	5	9
Morituri (Lasker-Schüler)	7	–	–	–	7
Müde bin ich, geh zur Ruh, (Hensel, L.)	31	5	13	4	9
Musik bewegt mich, daß ich dein gedenke (Huch)	5	–	–	3	2
Nachmittags nehme ich ein Buch … (Kirsch)	5	–	–	–	5
Nachtgebet (Hensel, L.)	31	5	13	4	9
Nebelland (Bachmann)	12	–	–	–	12
Nicht alle Schmerzen (Huch)	4	–	–	–	4
Nicht gesagt (Kaschnitz)	10	–	–	–	10
Nun still! – Du an den … (Droste-Hülshoff)	8	–	6	–	2
Nur eine Rose als Stütze (Domin)	6	–	–	–	6
O die Schornsteine (Sachs)	6	–	–	–	6
O, ich lernte an Deinem süßen … (Lasker-Schüler)	4	–	–	–	4
O reiche Armut! Gebend seliges … (Günderode)	7	–	–	–	7
O schaurig ist's, übers Moor … (Droste-Hülshoff)	56	–	18	11	27
O sieh doch! Siehst du nicht … (Droste-Hülshoff)	10	–	3	3	4
O tiefes Wunder, daß in dir (Seidel)	5	–	–	3	2
Oben am Berge sangen alle … (Strauss u. Torney)	5	–	–	4	1

	G	Z₁	Z₂	Z₃	Z₄
Reklame (Bachmann)	14	–	–	–	14
Robinson (Reinig)	18	–	–	–	18
Ruhig ist des Todes Schlummer (Wehrs)	4	2	–	–	2
'S gibt Gräber, wo die Klage … (Droste-Hülshoff)	9	–	7	2	–
Schaust du mich an aus dem … (Droste-Hülshoff)	19	–	–	–	19
Schiffer, zieh fort die Brücke (Fort)	8	–	–	–	8
Schön wie niemals sah ich jüngst … (Kaschnitz)	5	–	–	–	5
Schöne Agnete (Miegel)	17	–	1	11	5
Schöner als der beachtliche Mond … (Bachmann)	13	–	–	–	13
Schwarze Bohnen (Kirsch)	5	–	–	–	5
Seelied (Arnim)	5	–	–	–	5
Sehnsucht (Huch)	15	–	–	7	8
September (Miegel)	5	–	–	2	3
Sie kamen und suchten (Reinig)	7	–	–	–	7
Sie sangen am Herd, als die Flamme schied (Miegel)	6	–	–	4	2
Sie saß am Fensterrand im … (Droste-Hülshoff)	8	–	7	1	–
Siehst du mich – (Lasker-Schüler)	4	–	–	–	4
Sind hierorts Häuser grün, tret ich … (Bachmann)	10	–	–	–	10
So gern hätt ich ein schönes … (Droste-Hülshoff)	8	–	–	1	7
So weit im Leben und so nah am Tod (Bachmann)	5	–	–	–	5
Stilles Gotteslob (Hensel, L.)	7	2	5	–	–
Strömung (Bachmann)	5	–	–	–	5
Sulamith (Lasker-Schüler)	4	–	–	–	4
Süße Ruh, süßer Taumel im Gras (Droste-Hülshoff)	42	–	2	11	29
Tief in den Himmel verklingt (Huch)	6	–	–	–	6
Treue Liebe (Chézy)	7	–	4	1	2
Trost (Seidel)	18	–	–	3	15
Über das unaussprechliche Heilige … (Greiffenberg)	6	–	–	–	6
Über dein Gesicht schleichen … (Lasker-Schüler)	4	–	–	–	4
Über einen Schulfuchs (Gottsched)	4	3	–	–	1
Um bei dir zu sein, (Huch)	15	–	–	7	8
Um meine Augen zieht … (Lasker-Schüler)	4	–	–	–	4
Und wenn ich selber längst … (Strauss u. Torney)	9	–	–	3	6
Unsterblich duften die Linden – (Seidel)	18	–	–	3	15
Uralter Worte kundig kommt die Nacht; (Huch)	14	–	–	2	12
Versöhnung (Lasker-Schüler)	10	–	–	1	9
Verständnis für jedwedes Leid (Ebner-Eschenbach)	4	–	3	–	1
Verwandlungen (Kolmar)	10	–	–	–	10

	G	Z₁	Z₂	Z₃	Z₄
Vita (Hensel, K.)	5	–	–	–	5
Von dem Turme im Dorfe klingt (Huch)	14	–	1	8	5
Vor der Abfahrt (Reinig)	7	–	–	–	7
Wahrlich (Bachmann)	5	–	–	–	5
Waldarbeiter (Seidel)	8	–	–	5	3
Wann ziehn wir ein (Ausländer)	6	–	–	–	6
Was auch geschieht: Die verheerte Welt (Bachmann)	8	–	–	–	8
Was bedeutet die Bewegung? (Willemer)	8	–	–	2	6
Was ist in deiner Seele (Huch)	6	–	1	2	3
Was willst du, Fernando, so trüb ... (Brachmann)	14	6	7	1	–
Wegwarte (Kurz)	8	–	4	3	1
Weltende (Lasker-Schüler)	23	–	–	1	22
Weltschmerz (Lasker-Schüler)	8	–	–	–	8
Wem dient ich? dient ich nicht (Hensel, K.)	5	–	–	–	5
Wem es ein Wort nie verschlagen hat (Bachmann)	5	–	–	–	5
Wenn dich Menschen kränken (Hensel, L.)	6	–	6	–	–
Wenn die Post nachts käme (Aichinger)	7	–	–	–	7
Wenn ich erwache, denk' ich dein, (Karsch)	7	1	2	1	3
Wenn wir uns gedankenlos getrunken ... (Kiwus)	6	–	–	–	6
Wer die tiefste aller Wunden (Günderode)	20	–	–	–	20
Wer mag mit mir sich messen? (Kulmann)	4	1	3	–	–
Widmung (Aichinger)	5	–	–	–	5
Wie ein heimlicher Brunnen (Lasker-Schüler)	4	–	–	–	4
Wie ich weiss, »macht« man die Liebe nicht (Zürn)	5	–	–	–	5
Wie lauscht, vom Abendschein ... (Droste-Hülshoff)	26	–	17	6	3
Wie sank die Sonne glüh und ... (Droste-Hülshoff)	22	–	1	6	15
Wieder brach er bei dem Nachbar ein (Lavant)	5	–	–	–	5
Wiegenlied (Huch)	21	–	2	9	10
Wiepersdorf 9 (Kirsch)	6	–	–	–	6
Winterantwort (Aichinger)	6	–	–	–	6
Winterlied (Hahn)	7	–	–	–	7
Wir Geretteten (Sachs)	12	–	–	–	12
Wir sind von einem edlen Stamm genommen (Fort)	7	–	–	1	6
Wir wollen wie der Mondenschein (Lasker-Schüler)	6	–	–	1	5
Wo hast du all die Schönheit hergenommen (Huch)	6	–	–	–	6
Wohin aber gehen wir (Bachmann)	14	–	–	–	14
Zwischen Erde und Himmel? (Lasker-Schüler)	4	–	–	–	4

Gedicht*titel* und -anfänge nach Autorinnen

Aichinger, Ilse 157
Briefwechsel 157
Denn was täte ich 157
Die Welt ist aus dem Stoff 157
Gebirgsrand 157
Ich schreibe euch keine Briefe 158
Wenn die Post nachts käme 157
Widmung 158
Winterantwort 157
Arnim, Bettina von 31
Es schien der Mond gar helle 31
Seelied 31
Ausländer, Rose 147
Wann ziehn wir ein 147
Bachmann, Ingeborg 160
Alle Tage 161
An die Sonne 165
Anrufung des großen Bären 163
Böhmen liegt am Meer 169
Das Spiel ist aus 167
Dein Hut lüftet sich leis, grüßt, schwebt im Wind 162
Der Krieg wird nicht mehr erklärt 161
Die gestundete Zeit 160
Die große Fracht 161
Eine Art Verlust 173
Ein Toter bin ich der wandelt 172
Erklär mir, Liebe 162
Es kommen härtere Tage 160
Exil 172
Gemeinsam benutzt: Jahreszeiten, Bücher und eine Musik ... 173
Großer Bär, komm herab, zottige Nacht 163
Ihr Worte 170
Im Winter ist meine Geliebte 166
Mein lieber Bruder, wann bauen wir uns ein Floß 167
Mein Vogel 171
Nebelland 166
Reklame 164
Schöner als der beachtliche Mond und sein geadeltes Licht ... 165
Sind hierorts Häuser grün, tret ich noch in ein Haus 169
So weit im Leben und so nah am Tod 174

GEDICHTTITEL UND -ANFÄNGE NACH AUTORINNEN

Strömung	174
Wahrlich	174
Was auch geschieht: die verheerte Welt	171
Wem es ein Wort nie verschlagen hat	174
Wohin aber gehen wir	164
Borchers, Elisabeth	175
eia wasser regnet schlaf	175
Brachmann, Louise	18
Kolumbus	18
Was willst du Fernando, so trüb und bleich?	18
Brun, Friederike	15
Ich denke dein	15
Chézy, Helmina von	25
Ach wie ist's möglich dann	25
In tiefster Schlucht im Waldesschoß	26
Jesus und das Moos	26
Treue Liebe	25
Domin, Hilde	149
Drei Arten Gedichte aufzuschreiben 1	151
Drei Arten Gedichte aufzuschreiben 2	151
Drei Arten Gedichte aufzuschreiben 3	152
Ein trockenes Flussbett	151
Freiheit	149
Gewöhn dich nicht	153
Ich richte mir ein Zimmer ein in der Luft	149
Ich will dich	149
Ich will einen Streifen Papier	152
Kleine Buchstaben	151
Mit leichtem Gepäck	153
Nur eine Rose als Stütze	149
Droste-Hülshoff, Annette von	33
Als Christus lag im Hain Gethsemane	67
Als jüngst die Nacht dem sonnenmüden Land	41
Am letzten Tage des Jahres	56
Am Turme	34
An des Balkones Gitter lehnte ich	44
An Levin Schücking	77
An meine Mutter	76
Das Haus in der Heide	36
Das Hirtenfeuer	63
Das Jahr geht um	56
Das Spiegelbild	43
Der Anger dampft, es kocht die Ruhr	58

Der Brief aus der Heimat	75
Der Geierpfiff	70
Der Haidemann	49
Der Kapitän steht an der Spiere	46
Der Knabe im Moor	33
Der Tod des Erzbischofs Engelbert von Köln	58
Der Weiher	38
Die beschränkte Frau	53
Die junge Mutter	51
Die Taxuswand	78
Die tote Lerche	66
Die Unbesungenen	69
Die Vergeltung	46
Dunkel, Dunkel im Moor	63
Durchwachte Nacht	38
Ein Krämer hatte eine Frau	53
Er liegt so still im Morgenlicht	38
Geht, Kinder, nicht zu weit in's Bruch	49
Geliebte, wenn mein Geist geschieden	65
Gethsemane	67
Ich stand an deines Landes Grenzen	66
Ich steh' auf hohem Balkone am Turm	34
Ich stehe gern vor dir	78
Im Grase	35
Im grün verhangnen duftigen Gemach	51
Im Moose	41
Kein Wort, und wär es scharf wie Stahles Klinge	77
Kinder am Ufer	67
Mondesaufgang	44
Nun still! – Du an den Dohnenschlag!	70
O schaurig ist's über's Moor zu gehn	33
O sieh doch! siehst du nicht die Blumenwolke	67
Schaust du mich an aus dem Kristall	43
'S gibt Gräber wo die Klage schweigt	69
Sie saß am Fensterrand im Morgenlicht	75
So gern hätt' ich ein schönes Lied gemacht	76
Süße Ruh, süßer Taumel im Gras	35
Wie lauscht, vom Abendschein umzuckt	36
Wie sank die Sonne glüh und schwer!	38
Ebner-Eschenbach, Marie von	85
Das eilende Schiff, es kommt durch die Wogen	85
Das Schiff	85
Ein kleines Lied	85

Freundeslob und Feindestadel	85
Verständnis für jedwedes Leid	85
Fort, Gertrud von le	120
Deutsches Leid	120
Die Heimatlosen	121
Schiffer, zieh fort die Brücke	120
Wir sind von einem edlen Stamm genommen	121
Gaudy, Alice von	88
Ein Spiegelsaal. Gelächter. Mummenschanz	88
Gustav III. von Schweden auf dem Maskenball	88
Gottsched, Luise Adelgunde	6
Der Schulfuchs	6
Ein Feind der Kunst, recht klar zu denken	6
Greiffenberg, Katharina Regina von	4
Auf die fruchtbringende Herbstzeit	4
Du ungeseh'ner Blitz du dunkel-helles Licht	4
Freuderfüller, Früchtebringer, vielbeglückter Jahreskoch	4
Gott-lobende Frülings-Lust	5
Jauchzet, Bäume, Vögel singet! tanzet, Blumen, Felder, lacht!	5
Über das unaussprechliche Heilige-Geist-Eingeben	4
Günderode, Karoline von	21
Der Kaukasus	24
Der Kuß im Traume	22
Der Luftschiffer	23
Die eine Klage	21
Du innig Rot	22
Es hat ein Kuß mir Leben eingehaucht	22
Gefahren bin ich in schwankendem Kahne	23
Hochrot	22
Liebe	22
Mir zu Häupten Wolken wandeln	24
O reiche Armut! Gebend, seliges Empfangen!	22
Wer die tiefste aller Wunden	21
Hahn, Ulla	187
Als ich heute von dir ging	187
Anständiges Sonett	187
Ars poetica	188
Danke ich brauch keine neuen	188
Komm beiß dich fest ich halte nichts	187
Winterlied	187
Hensel, Kerstin	189
Vita	189
Wem dient ich? dient ich nicht	189

Hensel, Luise ... 80
Ach, hätt' ich Engelszungen ... 80
Guter Rat ... 82
Immer muß ich wieder lesen ... 81
Jesus in der Heiligen Schrift ... 81
Müde bin ich, geh zur Ruh ... 80
Nachtgebet ... 80
Stilles Gotteslob ... 80
Wenn dich Menschen kränken ... 82

Huch, Ricarda ... 90
Bestimmung ... 94
Du kamst zu mir, mein Abgott, meine Schlange ... 93
Einmal vor manchem Jahre ... 95
Erinnerung ... 95
Frieden ... 92
Hell strömt aus Schluchten der Vergangenheit ... 95
Hoffnung ... 96
Horch, Kind, horch, wie der Sturmwind weht ... 90
Leben ... 95
Mein Herz, mein Löwe, hält seine Beute fest ... 93
Musik bewegt mich, daß ich dein gedenke ... 96
Nicht alle Schmerzen ... 96
Sehnsucht ... 91
Tief in den Himmel verklingt ... 94
Um bei dir zu sein ... 91
Uralter Worte kundig kommt die Nacht ... 91
Von dem Turme im Dorfe klingt ... 92
Was ist in deiner Seele ... 94
Wiegenlied ... 90
Wo hast du all die Schönheit hergenommen ... 94

Kaléko, Mascha ... 148
Ich hatte einst ein schönes Vaterland ... 148
Im Exil ... 148

Karsch, Anna Luise ... 8
An den Dohmherrn von Rochow 11
An Gott, als sie bei hellem Mondschein erwachte ... 9
Des Weinstocks Saftgewächse ward ... 8
Kenner von deinem saphischen Gesange! ... 11
Lob der schwarzen Kirschen ... 8
Wenn ich erwache, denk ich dein! ... 9

Kaschnitz, Marie Luise ... 140
Am Strande ... 142
Auferstehung ... 145

Der den Tod auf Hiroshima warf	140
Die Katze	142
Die Kinder dieser Welt	143
Genazzano	140
Heute sah ich wieder dich am Strand	142
Hiroshima	140
Juni	146
Manchmal stehen wir auf	145
Nicht gesagt	141
Schön wie niemals sah ich jüngst die Erde	146
Kirsch, Sarah	**182**
Bei den weißen Stiefmütterchen	182
Dann werden wir kein Feuer brauchen	182
Der Droste würde ich gern Wasser reichen	183
Die Luft riecht schon nach Schnee	184
Dieser Abend, Bettina, es ist	184
Dünnbesiedelt das Land	185
Im Sommer	185
Nachmittags nehme ich ein Buch in die Hand	185
Schwarze Bohnen	185
Wiepersdorf 9	184
Kiwus, Karin	**186**
Im ersten Licht	186
Wenn wir uns gedankenlos getrunken haben	186
Kolmar, Gertrud	**133**
Alle Eisenbahnen dampfen in meine Hände	135
Die Fahrende	135
Die Jüdin	134
Die Verlassene	136
Du irrst dich. Glaubst du, daß du fern bist	136
Ich bin fremd	134
Ich will die Nacht um mich ziehn als ein warmes Tuch	133
Verwandlungen	133
Kräftner, Hertha	**181**
Abends	181
Beim weißen Oleander	181
Dorfabend	181
Er schlug nach ihr. Da wurde ihr Gesicht	181
Kulmann, Elisabeth	**83**
Der Blitz	83
Wer mag mit mir sich messen?	83
Kurz, Isolde	**86**
Die erste Nacht	87

Jetzt kommt die Nacht, die erste Nacht im Grab	87
Mit nackten Füßchen am Wegesrand	86
Wegwarte	86
Langgässer, Elisabeth	138
Daphne	139
Du siehst, wo sich der Waldhang weitet	139
Frühling 1946	138
Holde Anemone	138
Lasker-Schüler, Else	97
Aber du kamst nie mit dem Abend	101
Abschied	101
An Gott	106
Deine Seele, die die meine liebet	97
Dem Barbaren	106
Der Fels wird morsch	99
Die Verscheuchte	100
Du hast ein dunk'les Lied mit meinem Blut geschrieben	104
Du wehrst den guten und den bösen Sternen nicht	106
Ein alter Tibetteppich	97
Ein Liebeslied	99
Ein Lied	102
Es ist der Tag im Nebel völlig eingehüllt	100
Es ist ein Weinen in der Welt	97
Es wird ein großer Stern in meinen Schoß fallen ...	100
Frühling	105
Gebet	98
Giselheer dem Heiden	107
Giselheer dem Tiger	108
Gott hör ...	109
Heimweh	102
Hinter meinen Augen stehen Wasser	102
Ich, der brennende Wüstenwind	103
Ich habe zu Hause ein blaues Klavier	98
Ich kann die Sprache	102
Ich liege in den Nächten	106
Ich suche allerlanden eine Stadt	98
Ich weine	107
Ich weiß ...	104
Jakob	105
Komm zu mir in der Nacht – wir schlafen engverschlungen	99
Mein blaues Klavier	98
Mein Liebeslied	110

GEDICHTTITEL UND -ANFÄNGE NACH AUTORINNEN 221

Mein Volk	99
Morituri	104
O, ich lernte an Deinem süßen Munde	108
Siehst du mich –	110
Sulamith	108
Um meine Augen zieht die Nacht sich	109
Versöhnung	100
Weltende	97
Weltschmerz	103
Wie ein heimlicher Brunnen	110
Wir wollen wie der Mondenschein	105
Zwischen Erde und Himmel?	110
Lavant, Christine	154
Es riecht nach Weltenuntergang	154
Wieder brach er bei dem Nachbarn ein	155
Magdeburg, Mechthild von	3
Die Wüste hat zwölf Ding	3
Du sollst minnen das Nicht,	3
Mayröcker, Friederike	159
An eine Mohnblume mitten in der Stadt	159
aus meinen Köpfen sprießt	159
Mereau, Sophie	16
Feuerfarb	16
Ich weiß eine Farbe, der bin ich so hold	16
Miegel, Agnes	122
Agnes Bernauerin	127
Als Herrn Ulrichs Wittib in der Kirche gekniet	124
Die Frauen von Nidden	125
Die Nibelungen	122
Dies sind die liebsten Tage mir im Jahr	128
Heimweh	127
Ich hörte heute morgen	127
In der dunkelnden Halle saßen sie	122
Schöne Agnete	124
September	128
Sie sangen am Herd als die Flamme schied	127
Reinig, Christa	177
Die Ballade vom blutigen Bomme	177
hochverehrtes publikum	177
manchmal weint er wenn die worte	177
Robinson	177
Sie kamen und suchten	180
Vor der Abfahrt	180

Sachs, Nelly 131
  Chor der Geretteten 131
  O die Schornsteine 132
  Wir Geretteten 131
Seidel, Ina 129
  Der Pflüger 129
  Die Mutter sinnt bei der Wiege 130
  Die runde Säge hängt ihm um den Hals 129
  Mit wuchtigen Knien 129
  O tiefes Wunder, daß in dir 130
  Trost 129
  Unsterblich duften die Linden 129
  Waldarbeiter 129
Strauß und Torney, Lulu von 111
  Auf des Braunschweigers eherner Stirne schwoll . 116
  Der Tag hing grau in den Wolken 117
  Des Braunschweigers Ende 116
  Die Tulipan 112
  Einst 112
  Es gehen so viele Straßen ins Land hinein 112
  Gott 117
  Grüne Zeit 118
  Ich brachte in siebzig Jahren viele Ernten ein . 111
  Letzte Ernte 111
  Oben am Berge sangen alle Buchen heut 118
  Und wenn ich selber längst gestorben bin 112
  Über dein Gesicht schleichen die Dschungeln 108
Urner, Anna Barbara 13
  Abendsonne 13
  Goldne Abendsonne 13
Wehrs, Emilie (D.C.E. Wehrs) 12
  Ruhig ist des Todes Schlummer 12
Willemer, Marianne von 28
  Ach, um deine feuchten Schwingen 28
  Hochbeglückt in deiner Liebe 29
  Was bedeutet die Bewegung? 29
Zürn, Unica 156
  Ich weiss nicht, wie man die Liebe macht 156
  Wie ich weiss, »macht« man die Liebe nicht 156

Quellennachweise

Ilse Aichinger, »Gebirgsrand«, »Winterantwort«, »Briefwechsel«, »Widmung«, aus: Ilse Aichinger, Verschenkter Rat. © S. Fischer Verlag GmbH, Frankfurt am Main 1978.

Rose Ausländer, »Wann ziehn wir ein«, aus: Rose Ausländer, Hügel aus Äther unwiderruflich. Gedichte und Prosa 1966–1975. © S. Fischer Verlag GmbH, Frankfurt am Main 1984.

Ingeborg Bachmann, »Erklär mir, Liebe«, »Alle Tage«, »Die große Fracht«, »Exil«, »Die gestundete Zeit«, »Eine Art Verlust«, »Anrufung des Großen Bären«, »Ihr Worte«, »Nebelland«, »Das Spiel ist aus«, »An die Sonne«, »Böhmen liegt am Meer«, »Strömung«, »Mein Vogel«, »Wahrlich«, »Reklame«, aus: Ingeborg Bachmann: Werke. Bd. 1. Gedichte © 1978 Piper Verlag GmbH, München

Elisabeth Borchers, »ein wasser regnet schlaf«, aus: Elisabeth Borchers, Alles redet, schweigt und ruft. Gesammelte Gedichte. Ausgewählt und mit einem Nachwort versehen von Arnold Stadler. © Suhrkamp Verlag Frankfurt am Main 2001. Alle Rechte bei und vorbehalten durch Suhrkamp Verlag Berlin.

Hilde Domin, »Ich will dich«, »Mit leichtem Gepäck«, »Nur eine Rose als Stütze«, »Drei Arten Gedichte aufzuschreiben 1–3«, aus: Hilde Domin, Sämtliche Gedichte. © S. Fischer Verlag GmbH, Frankfurt am Main 2009.

Kerstin Hensel, »Vita« © Kerstin Hensel

Mascha Kaléko, »Im Exil«, aus: Mascha Kaléko, Die paar leuchtenden Jahre. © 2003 dtv Verlagsgesellschaft, München.

Marie Luise Kaschnitz, »Hiroshima«, »Die Katze«, »Die Kinder dieser Welt«, »Genazzano«, »Am Strande«, »Auferstehung«, »Nicht gesagt«, »Juni« © MLK-Erbengemeinschaft Berlin/München

Sarah Kirsch, »Bei den weißen Stiefmütterchen«, »Dann werden wir kein Feuer brauchen«, »Der Droste würde ich gern das Wasser reichen«, »Die Luft riecht schon nach Schnee«, »– Wiepersdorf 9«, »Im Sommer«, »Schwarze Bohnen«, aus: Sarah Kirsch, Sämtliche Gedichte © 2005, Deutsche Verlags-Anstalt, München, in der Verlagsgruppe Random House GmbH.

Karin Kiwus, »Im ersten Licht«, aus: Karin Kiwus Das Gesicht der Welt. Gedichte 1976–2006 © Schöffling & Co. Verlagsbuchhandlung GmbH, Frankfurt am Main

Hertha Kräftners »Dorfabend« und »Abends«, erschienen bei: Edition Roetzer, Rötzer-Druck GmbH, Joseph Haydn-Gasse 32, A-7000 Eisenstadt

Elisabeth Langgässer, »Daphne«, »Frühjahr 1946«, aus: Elisabeth Langgässer, Ausgewählte Erzählungen. Triptychon des Teufels. Rettung am Rhein. Der Torso. Späte Erzählungen © 1984 Claassen Verlag in der Ullstein Buchverlage GmbH, Berlin.

Christine Lavant, »Es riecht nach Weltuntergang«, »Wieder brach er bei dem Nachbar ein«, aus: Christine Lavant, Zu Lebzeiten veröffentlichte Gedichte. Hg. und mit einem Nachwort von Doris Moser und Fabjan Hafner ©Wallstein Verlag, Göttingen 2014.

Gertrud von Le Fort: »Deutsches Leid«, »Die Heimatlosen« © Deutsche Schillergesellschaft, Marbach am Neckar

Friederike Mayröcker, »an eine Mohnblume mitten in der Stadt«, aus: Friederike Mayröcker, Gesammelte Gedichte 1939–2003. Herausgegeben von Marcel Beyer. © Suhrkamp Verlag Frankfurt am Main 2004. Alle Rechte bei und vorbehalten durch Suhrkamp Verlag Berlin.

Agnes Miegel: »Schöne Agnete«, »Die Frauen von Nidden«, »September«, »Heimweh«, »Die Nibelungen«, »Agnes Bernauerin«, aus: Agnes Miegel, Balladen und Lieder © 1998, Diederichs, München, in der Verlagsgruppe Random House GmbH.

Christa Reinig, »Die Ballade vom blutigen Bomme«, »Robinson«, »Vor der Abfahrt« © Felix Wonhas, felix_wonhas@yahoo.de

Nelly Sachs, »Chor der Geretteten«, »O die Schornsteine«, aus: Nelly Sachs, Werke. Kommentierte Ausgabe in vier Bänden. Herausgegeben von Aris Fioretos, Band 1: Gedichte 1940–1950. Herausgegeben von Matthias Weichelt. © Suhrkamp Verlag Berlin Main 2010.

Ina Seidel: »Waldarbeiter«, »Der Pflüger«, »Die Mutter sinnt bei der Wiege«, »Trost«, aus: Ina Seidel, Gedichte © 1955, Deutsche Verlags-Anstalt, München, in der Verlagsgruppe Random House GmbH

Unica Zürn, »Ich weiss nicht, wie man die Liebe macht«, aus: Unica Zürn, Gesamtausgabe Band 1 ANAGRAMME, S. 69, © Verlag Brinkmann & Bose, Berlin 1988.

Der Verlag hat sich bemüht, sämtliche Rechteinhaber ausfindig zu machen. Sollte das in Einzelfällen nicht geglückt sein, ist der Alfred Kröner Verlag selbstverständlich bereit, bei begründetem Anspruch deren Abdruck im üblichen Rahmen zu entgelten.